Jörg Aufenanger

Philosophie

Eine Einführung

ORBIS VERLAG

Redaktion: Annette Grunwald
Layout: Raimund Post

© Verlagsgruppe Bertelsmann GmbH
Bertelsmann Lexikon Verlag GmbH, Gütersloh
Sonderausgabe 1990 Orbis Verlag
für Publizistik GmbH, München
Alle Rechte vorbehalten
Gesamtherstellung Mohndruck Graphische Betriebe GmbH, Gütersloh
Printed in Germany
ISBN 3–572–01217–1

Inhalt

Am Anfang
steht die Frage

Am Anfang war die Frage. Sie ist die Ur-Sache von Philosophie. Mit der Frage nach dem Ursprung von Welt haben vor etwa 2500 Jahren die Menschen einen Bruch mit ihrer vorherigen Existenz vollzogen. Ihre Fragen: »Was ist der Ursprung der Welt?«, »Was ist wahr?«, »Was ist der Sinn des Seins?«, »Welche Stellung hat der Mensch in der Welt?« kennzeichnen den Anfang der Philosophie.

Jeder einzelne, der heute beginnt zu fragen: »Was bin ich in der Welt?«, bricht mit seiner vorherigen Existenz. Er akzeptiert durch diese Frage die Welt und sein Sein nicht mehr so wie sie sind, sondern fragt weiter, beginnt zu philosophieren.

Philosophieren tut eigentlich jeder, wird vielfach gesagt. Und viele Einführungen in die Philosophie beginnen mit dieser mutmachenden Feststellung. Sie will dem Leser die Angst nehmen vor dem erhabenen Gegenstand Philosophie, will sagen »Du kannst es auch«. Nur, es philosophiert nicht jeder, sondern jeder kann philosophieren. Denn wer sich sein Leben lang von der Schule über den Beruf bis in das Alter nur dem Trott des Alltags, der Einbahnstraße des täglichen Sollens, unterwirft, der wird niemals philosophieren, denn er fragt nicht. Er fragt nicht nach dem Sinn seiner Existenz, sondern lebt nur dahin, ohne die Bestimmung des Menschen aufzunehmen, das eigene Sein zu gestalten, der Strecke zwischen Geburt und Tod einen Sinn zu geben, und wenn es vielleicht nur der wäre, nach diesem zu fragen.

Jeder kann philosophieren

9

Wer philosophieren will, wer Philosoph sein will, der muß als Vorbedingung irgendwann den Absprung aus den Fesseln der alltäglichen Normalität in die Welt des Fragens, des Infragestellens wagen. Für eine Minderheit der Menschen ist diese Chance schon von Geburt viel eher gegeben – durch den Besuch einer Schule, durch anschließendes Studium und eine entsprechende Tätigkeit im Leben.

Dies sind Grundlagen, bieten aber keine Garantie für das Fragen, das zum Philosophieren wird.

Alltagsstreß

Für die Mehrheit der Menschen jedoch ist diese Möglichkeit des Fragens nicht von vornherein gegeben. Frühes Eingebundensein in die Arbeitswelt, tägliche Besorgungen und Anstrengungen, Eingespanntsein, daraus resultierende Müdigkeit, passive Entspannung vor dem Fernsehapparat oder anderen Apparaten, die das eigene Leben ersetzen, lassen keine Lücke im Alltag, in die das Denken, das über die alltägliche Problembewältigung hinausgeht, eindringen kann. Das Alltägliche, das Gewöhnliche ist zudem überaus hartnäckig. Es muß schon eine Distanz zum Geschehen des Alltags, zur eigenen eingefahrenen Situation eintreten, in der man aus seiner eigenen »Betriebsblindheit« aufgerüttelt wird.

So ein Moment der Distanz, einer Lücke im Alltag, in die man hineindenken kann, ein Bruch mit der alltäglichen Sorge und Plage, kann durch vielerlei Geschehnisse ausgelöst werden. Der Tod eines Freundes, eines guten Bekannten, eigene Krankheit oder die eines anderen nahestehenden Menschen kann Nachdenken provozieren. Auch Heraustreten aus dem Alltag während einer Reise oder der plötzliche Verlust des Arbeitsplatzes und nachfolgende Arbeitslosigkeit können dies bewirken. Konkrete gravierende Ereignisse können so stark in den täglichen Lebensablauf eingreifen, daß Fragen aufkommen, die niemals vorher gedacht wurden.

Aus einer Frage werden schnell mehr, die Existenz selbst wird hinterfragt, die Situation eines Bruchs zum Alltag, zum Gewohnten ist da. Und es fällt einem wie Schuppen von den Augen und man fragt sich: Wie habe ich bisher gelebt? Zu welchem Zweck? Mit welchem Ziel? Welchen Sinn hat meine Existenz in der Welt? Was für eine Welt ist das überhaupt, in der ich lebe? Wie finde ich Wahrheit in der Wirklichkeit, die mich umgibt? Wie soll ich leben? Fragen. Antworten suchen. Hier beginnt das Philosophieren eines jeden. Und man stellt fest, es sind die Fragen, die die Menschen schon seit mehr als 2000 Jahren gestellt haben, seitdem es Philosophie gibt. Fragen, die sich aus dem unmittelbaren Alltag herauslösen und denjenigen, der fragt, aus dem Alltag lösen.

Eine Lücke im Alltag finden, die alltägliche Normalität durchbrechen: Vorbedingungen zum Philosophieren, d. h. zum Fragen, zum Infragestellen.

11

12

Das Prinzip der Philosophie

Und doch oder gerade hat Philosophie immer mit der Welt zu tun, in der der fragende Mensch lebt. Sie ist nicht losgelöst von der Welt, von der Gesellschaft; nicht nur eng mit ihr verbunden, sie ist allgegenwärtig in ihr, weil der fragende Mensch in ihr immer gegenwärtig ist und sich ihr als ein Teil dieser Welt nicht entziehen kann.

Stellt der Mensch Fragen an die Welt und an seine Stellung in der Welt, stellt er in Frage, so bedeutet Philosophie immer Kritik. Denn sie konstatiert nicht einfach das, was ist, was sich als Wirklichkeit darstellt, also den Schein, sondern sie fragt dahinter, sie hinterfragt und läßt dabei nichts aus. Zur Wirklichkeit, so wie sie ist, hat die Philosophie schon seit den Tagen des Sokrates vor über 2000 Jahren ein gespanntes Verhältnis.

In ihrer gesamten Geschichte hat sich die Philosophie nur durch Kritik fortentwickelt. Kritik an dem, was ist, an den Verhältnissen also, und Kritik an dem, was vorher gedacht worden ist. So haben Sokrates und Platon die »Vorsokratiker« kritisiert, in der Neuzeit Descartes die Denker des späten Mittelalters, Leibniz wiederum Descartes, Kant dann Leibniz, Hegel daraufhin Kant, Marx dann Hegel und so weiter bis heute.

Philosophie ist also immer Kritik des schon Gedachten, eine Folge von Kritik. Die Frage und die daraus entstehende Kritik sind das Prinzip von Philosophie. Wäre Philosophie nicht mehr Kritik, so wäre ihr die fragende Neugier verlorengegangen, sie würde sich selbst verneinen.

Ist Philosophie »Liebe zur Weisheit«, wie das griechische Wort sagt, Streben nach Wissen, nach Wahrheit, so kann sie sich niemals ausruhen auf dem, was ist und was sie schon weiß, sie muß permanent weiterfragen, in Frage stellen. Nie stellt sie nur fest. Philosophie ist vielmehr das Mehr als das, was schon ist, gewonnen durch die Frage, die

Linke Seite: Wer ist Philosoph? Wer philosophiert? Nur derjenige, der Philosophie studiert hat, sie zu seinem Beruf gemacht hat? Philosophiert nicht jeder, der fragt, der radikal denkt, der das Gegebene nicht als einmal Gegebenes akzeptiert? (Chirico: »Der Philosoph«)

13

Philosophie, die Liebe zur Weisheit, zur Wahrheit. Nach einem Volksglauben mußte im Altertum zur Wahrheitsfindung die rechte Hand in den »Mund der Wahrheit« gelegt werden. Bei Lügen soll der Mund zugeschnappt haben. (Bocca della Verità, Mund der Wahrheit)

zur Kritik wird. Somit ist sie auch immer Befreiung zu kritischem Denken. Ein Störenfried ist sie, »sie stört die Ruhe in der Welt«, sagt Karl Jaspers. »Wildes Denken« nennen heutige Philosophen in Frankreich das kritische Philosophieren im Gegensatz zu jenem Denken, das sich einpaßt in das alltägliche Funktionieren-Sollen des Menschen.

Das unkritische Denken ist die innere Polizei, die darüber wacht, daß das Funktionieren-Sollen auch funktioniert. Ist Philosophie ein Denken gegen das Bestehende, so sind diejenigen, die philosophieren, Dissidenten dessen, was ist. Demnach ist Philosophie immer ein Wagnis für denjenigen, der philosophiert, denn Kritik schließt immer Widerstand und das eigene Scheitern ein. Sie ist aber der radikale Versuch, Mensch zu sein.

Da Philosophie sich nicht nach Forderungen, nach vorherrschenden Meinungen, nach Machbarkeiten richtet, wird ihr oft Nutzlosigkeit vorgehalten, sie wird deshalb verworfen. In den letzten hundert Jahren ist so immer wieder das Ende der Philosophie proklamiert worden, zumeist mit der Begründung, sie sei ein Überbleibsel aus alten Zeiten in einer inzwischen hochtechnisierten Welt, in der die exakten Wissenschaften – die Natur- und Gesellschaftswissenschaften – mehr zu sagen hätten. Denn diese sind nützlich und verwertbar; daher werden sie auch die positiven Wissenschaften genannt.

Tod der Philosophie?

So in die Defensive gedrängt, hat sich die Philosophie in pausenloser Selbstrechtfertigung gewehrt, zumeist indem sie sich selbst definiert hat, um ihre Selbständigkeit und Notwendigkeit zu beweisen. Oder sie hat kapituliert und sich zum Bestandteil anderer Wissenschaften gemacht, wie der Naturwissenschaften, der Sozialwissenschaften oder der Sprachwissenschaft, um selbst als positive Wissenschaft anerkannt zu sein.

Wissen und Philosophieren

Ist das Prinzip der Philosophie die Frage und die Kritik, so kann eine Einführung in die Philosophie, die ein Basiswissen verspricht, nur ein Wissen von dem vermitteln, was in den vergangenen zweieinhalbtausend Jahren gedacht worden ist. Seit etwa 600 v. Chr. gibt es das, was wir heute Philosophie nennen. Sie ist etwa zur gleichen Zeit in Asien (China und Indien) und in Europa (Griechenland) entstanden. Wenn sich das »Basiswissen Philosophie« ausschließlich mit der europäischen Philosophie beschäftigt, dann deshalb, weil nur sie einen direkten Einfluß auf unser Denken und Wissen von Philosophie hat.

Beginn

Die Frage ist das Prinzip des Philosophierens. Sie setzt das Denken in Bewegung, das das Gegebene nicht mehr akzeptiert, es hinterfragt. Ist das Prinzip der Philosophie die Frage, so ist ihre Tätigkeit Kritik.

Da jedes Wissen, jede gefundene Wahrheit in der Philosophie dem ständigen Infragestellen ausgeliefert ist, kann es sich bei einem »Basiswissen Philosophie« nicht um ein Wissen handeln, das ein für alle Mal als Basiswissen gültig ist.

Es sind die exakten Wissenschaften, die Natur- und Gesellschaftswissenschaften, die eher ein genau abfragbares, da auf Tatsachen beruhendes, Wissen vermitteln können. Ein »Basiswissen Philosophie« hingegen kann nur eine Summe von Antworten aufzeigen, die das fragende Denken in seiner Geschichte gefunden hat. Dabei können diese Antworten nur Ausdruck jener Zeit sein, in der die jeweiligen Antworten gefunden worden sind – in dem Sinn, den Hegel meint, wenn er sagt, Philosophie sei Zeit in Gedanken gefaßt.

Geschichte des Denkens

Folgerichtig wird der Hauptteil des Buches eine Geschichte des Denkens erzählen. Zum einen, um das verständliche Bedürfnis des Lesers nach systematischem Wissen zu befriedigen, zum anderen, damit er weiß, was vor ihm die Menschen gedacht und gefragt haben, denn unser gesamtes mögliches Wissen ist durch die Geschichte des Denkens geprägt. Im Nachvollziehen soll auch, so ist zu hoffen, jene Faszination am Denken entstehen, die Auslöser zum eigenen Philosophieren werden kann.

Philosophie ist nicht Wissen, sie ist Tätigkeit, eigenes Philosophieren. Dazu Impulse zu geben, ist das eigentliche Ziel des Buches, dessen Abschluß hierzu besonders Anregung geben will, indem es noch einmal die hauptsächlichen Fragen aufwirft, die die Menschen immer bewegt haben und die

an homme en peut cacher un autre   max ernst / 23.

Ein Mensch kann einen anderen verdecken. – Tritt der Mensch aus dem alltäglichen Funktionieren heraus, so kann er in sich selbst einen ganz anderen entdecken, nämlich den Menschen der eigenen Wünsche und Fragen. Hat er so Distanz zum bisherigen Leben gewonnen, eröffnet dieser andere in einem selbst den Weg zur Freiheit.

heute noch gestellt werden müssen und auf die Antwort eines jeden einzelnen warten, weil auch er sie gestellt hat.

Fragen, Denken – Philosophieren ist gefährlich. Es gefährdet das Ich, weil es das bisherige Ich in Frage stellt. Es macht das Leben nicht leichter, sondern eher komplizierter, weil Denken nie Ruhe gibt, sondern unruhig macht und ein ungedecktes Leben zur Folge hat, denn es akzeptiert niemals das einmal Gegebene.

Aber es gibt der Existenz des Menschen einen Sinn, und dieser ist, nicht als ein Rädchen im Getriebe der Welt zu funktionieren. Mit dem Philosophieren beginnt die Freiheit des Menschen, gewinnt der Mensch seine Selbstbestimmung, seine Autonomie.

Die Frage nach dem Ursprung der Welt

Wie ist die Welt entstanden? Welche Ursache hat sie? Welche Ordnung herrscht in ihr?

Das sind die Fragen, die sich vor etwa zweieinhalb Jahrtausenden diejenigen gestellt haben, die man gemeinhin als erste abendländische Philosophen bezeichnet. Ihre Fragen sind der Ursprung der Philosophie in der Zeit um das Jahr 600 v. Chr., als in Europa und etwa gleichzeitig in Asien (China und Indien) der Bruch mit einer Vergangenheit vollzogen wurde, in der bis dahin der Mythos vorgeherrscht hatte.

Dieses Fragen, Ausdruck einer Neugier, löst das Erzählen ab. Erzählt wurde bis dahin von den Göttern und von Figuren, die übernatürliche Kräfte verkörperten. »Sänger« (Rhapsoden) verkündeten in den großen Erzähldichtungen, wie z. B. in Homers »Odyssee« und »Ilias«, von ihren Abenteuern, Kämpfen und Heldentaten. Mythos *Mythos* heißt nichts anderes als »Erzählung«, als »Kunde« von den Göttern und ihren Taten, die den Lauf der Dinge bestimmen und die Welt und die Menschen in ihrem Bann gehalten haben. Für die Griechen bis zum 7. Jahrhundert v. Chr. ist er Ausdruck einer höheren Wahrheit, in die der Mensch sich nicht einzumischen, die er auch nicht in Frage zu stellen hatte.

Ort jener kühnen Frage nach dem Ursprung der Welt, die die Herrschaft des Mythos in Frage stellt, ist *Milet,* eine ionische Stadt im östlichen Teil Griechenlands, der heutigen westlichen Türkei, an der Küste Kariens.

*Das Markttor
von Milet.
Milet, der Ort,
wo die
Herrschaft des
Mythos in
Frage gestellt
wurde,
entwickelte sich
als wichtiges
Handels- und
Kulturzentrum
zur blühenden
Metropole der
griechischen
Ägäis.*

*Odysseus und
die Sirenen.
Durch Erzähl-
dichtungen, wie
z. B. Homers
»Odyssee«,
herrschte lange
Zeit der
Mythos, die
Kunde von
Göttern und
ihren Taten als
Ausdruck einer
höheren
Wahrheit.*

Während zur Zeit der mythischen Welterklärung noch der Tempelbezirk der Akropolis außerhalb der Stadt das Zentrum darstellte, wurde in der darauffolgenden Zeit die Agora, der Marktplatz, zum Zentrum inmitten der Stadt.

Dieses neue Denken ist eng verknüpft mit der Entstehung der Stadt, der *Polis* als Siedlungs- und Lebensform, und den Uranfängen von Demokratie. Milet ist um 700 v. Chr. die blühendste und dank des Handwerks und Handels am weitesten entwickelte Stadt in der westlichen Welt, Schnittpunkt vielfacher kultureller Einflüsse, die einen Raum der Freiheit eröffnen, in dem erst philosophisches Fragen möglich ist.

Die Stadt wird zum Ort des *Logos*, des gesprochenen Wortes, das in der Öffentlichkeit ausge-

Die Zeit um 600 v. Chr. datiert den Beginn der europäischen Philosophie in Griechenland. Die Philosophie bricht mit dem Mythos, der Geschichten von Göttern und Helden erzählt, und fragt nach dem Ursprung von und nach der Ordnung in der Welt. Die ersten Philosophen meinen den Ursprung der Welt aus der Beobachtung der Natur heraus benennen zu können. Erst mit der Frage nach dem Sein hinter den Erscheinungen, der Metaphysik, beginnt eine Philosophie, die Wahrheit sucht, statt sich mit Wahrnehmung zu begnügen.

tauscht wird, und zwar auf dem Marktplatz, der *Agora*, auf der alle die Allgemeinheit betreffenden Fragen erörtert werden. Die Agora wird zum Zentrum inmitten der Stadt, während im vorangegangenen, noch vom Mythos befangenen Zeitalter der Tempelbezirk der *Akropolis* außerhalb der Stadt das Zentrum dargestellt hat.

Die Agora ist die Keimzelle der Demokratie, der Herrschaft des Volkes, das sich des Wortes bedient. Diese Demokratie wird sich in den folgenden Jahrhunderten in Griechenland weiterentwickeln. Hier in der Polis wird zum ersten Mal nach dem Ursprung von und der Ordnung in der Welt gefragt, wird zum ersten Mal durch den Menschen beschieden, was Welt ist.

Die griechischen Naturphilosophen –
Von Thales bis Pythagoras

Es ist Thales aus Milet (um 625–um 545 v. Chr.), der als erster eine Antwort auf diese Fragen sucht und so als erster griechischer Philosoph gilt, auch wenn dieses Wort erst über hundert Jahre später von Heraklit verwendet wird.

Was Thales und die anderen frühen Philosophen wirklich gedacht haben, ist für uns heute schwer festzustellen, gibt es doch nur noch Bruchstücke von dem, was sie aufgeschrieben haben. Diese Fragmente sind zudem auch noch von einer späteren Generation von Philosophen überliefert, in der Hauptsache von Aristoteles. Von ihnen erhalten die ersten Philosophen auch ihre einordnende Bezeichnung als »*Vorsokratiker*«.

Die Vorsokratiker suchen in ihren denkenden Fragen nach dem Ursprung und Wesen der Welt. Hierfür muß es nach ihrer Auffassung einen einheitlichen Grund geben. So sieht Thales auf die Frage nach dem Ursprung der Welt das *Wasser* als den Stoff, der die Welt erzeugt hat. Es ist das

Thales aus Milet gilt als erster griechischer Philosoph. Er nahm an, daß die Welt aus dem Stoff Wasser hervorgegangen ist.

eine, aus dem alles andere hervorgeht. Von seinen eigenen Beobachtungen ausgehend, meint Thales, daß das Wasser Prinzip des Lebens sei und alles andere hervorbringe. Bei allem Wechsel der Erscheinungen bleibt für ihn das Wasser stets das gleiche, unabänderliche, so daß sich alle Veränderungen, alles andere Seiende aus ihm erklären läßt.

War für Thales das Wasser der Ursprung der Welt, so ist es für Anaximander (um 610–um 546 v. Chr.) nicht ein sinnlich wahrnehmbarer Stoff, sondern etwas, das er »Apeiron« nennt, das *grenzenlos Unbestimmbare;* etwas, das anfangslos existiert, »ohne Tod und Verderben«. Dieses Grenzenlose erzeugt in sich die Welt.

Ist diese erste Frage nach dem Urgrund der Welt einmal beantwortet, taucht eine andere auf: wie nämlich alles andere, was die menschlichen Sinne wahrnehmen können, zustandegekommen ist. Anaximander erklärt es so, daß das »Grenzenlose« durch »Ausscheidung« allem anderen Existierenden zum Leben verholfen habe. Damit war Anaximander der erste, der die Welturursache eindeutig nicht in einem Gott vermutete.

Anaximander sah die Welturursache im »Apeiron«, im grenzenlos Unbestimmbaren.

Der dritte milesische Philosoph, Anaximenes (585–um 525 v. Chr.), kehrt dann wieder zu einem physikalischen Stoff zurück, durch den die Welt in ihr Sein tritt. Die *Luft* ist für ihn das Eine, das Grenzenlose. Der Atem ist das Leben und erzeugt durch Verdichtung und Verdünnung der Luft alles andere. »Wie die Luft als unsere Seele uns zusammenhält, so umfaßt Hauch und Luft die ganze Welt«, meint Anaximenes zu erkennen.

Die Frage nach dem Ursprung der Welt, wie aus dem einen Stoff alles andere entstanden ist, haben diese ersten Philosophen vor allem durch die Beobachtung der Natur beantwortet, darum werden sie auch Naturphilosophen genannt.

So stellt Pythagoras von Samos (um 580–um 496 v. Chr.) kurze Zeit später fest, daß die Vor-

gänge in der Natur mathematischen Gesetzen folgen. Der Grundbaustein der Welt, ist für ihn die
Zahl Eins. Sie, die alles andere in sich birgt und
hervorbringt, ist Ursprung und Wesen der Dinge,
der Welt und ihrer Ordnung. Pythagoras gilt als
Entdecker einer harmonischen Sphärenmusik, die
Zahlen und Töne ins Verhältnis setzt und zueinander ordnet.

Heraklit von Ephesos (um 540–480 v. Chr.) wiederum bestimmt als Ursache der Welt einen einzigen Stoff, und zwar das *Feuer.* Alles andere sind
Wandlungen des Feuers. »Unsere Welt hier schuf
weder der Götter einer noch der Menschen einer.
Vielmehr war sie schon immer da und ist ewig le-
bendes Feuer.« Aus diesem Urfeuer, das selbst
reine Vernunft (»Logos«) ist, geht durch Zwie-
spalt und Kampf als treibendes Element die Viel-

*Pythagoras
versuchte die
Harmonie der
Musik, das
Verhältnis
der Töne
zueinander,
durch Zahlen
zu erfassen.
Holzschnitt
aus dem
15. Jahrhundert.*

23

zahl der Dinge hervor, die sich wieder zur Harmonie vereint. Dieses durch Kampf entstandene Gleichgewicht ist ewiges Fließen. »Alles fließt«, sagt Heraklit, und ein Weiser, ein Philosoph ist derjenige, der diese höhere Vernunft erkennt und nachvollzieht.

*Heraklit
bestimmte das
Feuer als
Ursache der
Welt*

Die Frage nach dem Sein –
Parmenides

In der Folgezeit ereignet sich ein bedeutender Bruch in den ersten philosophischen Fragen. Ist die hauptsächliche Frage bisher gewesen: »Was ist der Ursprung der Welt?«, so tritt nun zaghaft die Frage: »Was ist das Sein?« in den Vordergrund.

Es ist Parmenides von Elea (um 540–um 480 v. Chr.), der als erster radikal die Frage nach dem Wesen des Seins stellt und damit am eigentlichen Anfang der Philosophie steht. Denn er setzt nicht mehr auf die *Beobachtung* der Natur, den Einsatz menschlicher Sinneswahrnehmung, sondern auf das *Denken*, auf das Hinterfragen der Erscheinungen. Damit begründet er die Metaphysik. Dieser metaphysische Bruch bedeutet zugleich Kritik an allem was vorher gedacht worden ist. Die Suche nach einer Wirklichkeit hinter dem Schein, die bis heute die Philosophie beschäftigt, beginnt.

Wahrheit statt Wahrnehmung heißt von nun an die Suche nach Erkenntnis. Die bisherige Suche nach Wahrheit ist in ihrer Wahrnehmung von Naturgewalten als Ursache von Welt noch zu sehr den mythischen Traditionen verpflichtet gewesen, die den Naturgewalten ebenfalls eine große Bedeutung zugemessen hatten. So haben die ersten Philosophen ihr Denken noch nicht dahingehend befreien können, daß sie auf die Suche nach einer Wahrheit hinter den Erscheinungen hätten gehen können.

In dem Lehrgedicht »Über die Natur« (peri physeos) definiert Parmenides das Sein: Es ist das »eine unzerlegbare Ganze, einheitlich in sich zusammenhängend, überall sich selbst gleichend. Es gleicht einer ringsum wohlgerundeten Kugel«. Das Sein ist also absolut. Die Wahrnehmung der Sinne kann keine Wahrheit von diesem Sein vermitteln, nur das Denken vermag es. Sein und Denken sind dasselbe, das Sein ist nur denkend zu erfassen.

Zusammen-hang von Sein und Denken

Erstmals in der Geschichte des Menschen wird hier durch das Denken auf das Ganze, auf das Sein geschlossen. Es bildet sich ein Begriff von Welt und Sein. Somit kann man Parmenides nicht nur als den ersten bezeichnen, der das metaphysische Denken, sondern auch die Logik (das formale Denken) begründet hat. Und zwar beides in einem engen Zusammenhang, in einer philosophischen Dialektik.

Von der ersten Frage: »Was ist der Ursprung der Welt?« ist die griechische Philosophie angelangt bei der Frage: »Was ist Welt, was ist Sein überhaupt?« In der Folge wird sie sich dann auch die Frage stellen: »Was ist das Sein des Menschen?« Diese Frage leitet über zu der nach dem Wesen des Menschen.

Der Mensch ist das Maß aller Dinge – Die Sophisten

»Der Mensch ist das Maß aller Dinge«, antwortet Protagoras aus Abdera (um 480–410 v. Chr.) auf die Frage: Was ist der Mensch, welche Rolle spielt sein Sein? Eine Frage, die in der Mitte des 5. Jahrhunderts v. Chr. erstmals von den Menschen gestellt wird. Und er fährt fort: »aller Dinge der Seienden, wie sie sind, und der nicht Seienden, wie sie nicht sind«.

Mehrere Deutungen läßt diese Aussage zu.

Demnach ist es der Mensch, der erkennt, und zwar der einzelne, das *Individuum.* Er erkennt die Dinge so, wie sie ihm scheinen. Das heißt: Erkenntnis ist ein völlig subjektiver Vorgang.

Da jeder Mensch nun aber anders erkennen kann, hat das zur Folge, daß jede Erkenntnis relativ ist, denn keine ist richtiger oder wahrer als die andere (Relativismus). Zum anderen sagt Protagoras damit eben auch, daß weder die Götter (»Von den Göttern mag ich nichts festzustellen, weder daß es sie gibt, noch daß es sie nicht gibt«) noch die Natur die Wahrheit setzen, sondern nur der Mensch.

Dieser Satz des Protagoras bedeutet die Abkehr von allen bisherigen Vorstellungen und Erkenntnissen, setzt er doch erstmals den Menschen als den Erkennenden und als den zu Erkennenden in den Mittelpunkt. Damit hat der Mensch Unabhängigkeit gewonnen. – Seine Möglichkeit zur Autonomie beginnt.

Protagoras gehört mit Gorgias von Leontinoi (um 485–um 380 v. Chr.) zu den Sophisten, was ursprünglich nur »Weiser« heißt. Platon wird später ihr vehementer Kritiker, wenn er ihnen vorwirft, sie hätten kein eigenes Denken entwickelt, sondern nur Weisheit meistbietend verkauft. Ein Urteil, das bis heute nachwirkt, werden doch die Ideen der Sophisten noch immer nicht recht ernst genommen, was aber vielleicht nur auf eine Angst vor einem Denken schließen läßt, das ungeordnet ist und sich nicht einordnen läßt.

Gorgias, griechischer Sophist und Lehrer der Redekunst.

In der Tat sind die Sophisten so etwas wie Handlungsreisende in Sachen Weisheit. Sie ziehen durch das Land, vor allem durch Athen, und lassen sich für ihr Wissen bezahlen. Eine Zeitlang ist es bei der reichen Jugend Athens sogar Mode, bei ihnen Unterricht vor allem in der Kunst der Rede (Rhetorik) zu nehmen. Da es keine verbindlichen Wahrheiten gibt, können die Sophisten auch ohne Skrupel die Fähigkeit zu überzeugen

*Zwei Sophisten
im Disput.
Indem die
Sophisten den
Zweifel und die
Skepsis in ihre
Gedanken
einbezogen,
setzten sie den
Erkenntnis-
möglichkeiten
der Menschen
Grenzen.*

verkaufen, mit der jeder durch eine geschickte
Rede den Schein der Wahrheit für sich gewinnen
kann.

Aber gerade in der von ihnen gefundenen
Wahrheit, daß es keine verbindliche, objektive
Wahrheit gibt, liegt die große philosophische Erkenntnis der Sophisten. Das heißt nämlich, daß
den Erkenntnismöglichkeiten der Menschen
Grenzen gesetzt sind. – Ein Thema, das die Philosophie immer wieder in Form der Frage »Was
kann ich überhaupt wissen?« beschäftigen wird.

Die Sophisten begründen damit auch die Skepsis, den Zweifel als Auslöser und als Folge von Erkenntnis. Mit dem Zweifel an verläßlichen Erkenntnissen werden auch alle bisher gültigen
Wertvorstellungen von Gut und Böse in Frage ge-

27

stellt. Diese Kritik an bis dahin geltenden Normen führt folgerichtig auch zur Kritik an den Grundlagen des Staates.

Athen ist inzwischen in diesem 5. Jahrhundert zu einer solchen politischen, wirtschaftlichen und kulturellen Blüte aufgestiegen, daß es in der europäischen Geschichte für immer seinesgleichen suchen wird. In diese Stabilität, in dieses griechische Wunder, stoßen die anarchischen Ideen der Sophisten, die den Menschen als Maß der Dinge setzen, ohne jedoch gesicherte Gedanken zu produzieren. Auch verlangen sie eine natürliche Gerechtigkeit, was sogar zur Forderung nach der Abschaffung der Sklaverei führt. Diese Forderung aber trifft die attische Gesellschaft im Nerv, ist die Sklaverei doch ein wesentlicher Grundstock für den Reichtum Athens, gleichzeitig aber ein schwarzer Fleck auf der demokratischen Weste.

Anarchische Ideen

Dieses subversive, antigesetzliche Denken der Sophisten führt zu zahlreichen Prozessen. Protagoras muß schließlich aus Athen fliehen. Er ist zum öffentlichen Ärgernis geworden, weil er die öffentliche Ordnung in Frage stellt.

Auch Sokrates wird wenige Jahre später, als er die attische Gesellschaft herausfordert, indem er ihr Fragen stellt, die sie im Nerv treffen, die Folgen seiner Äußerungen am eigenen Leibe zu spüren bekommen.

Ich weiß, daß ich nichts weiß – Sokrates

Sokrates (470–399 v. Chr.) ist der philosophierende Stadtstreicher Athens. Von morgens bis abends zieht er durch die Straßen der Stadt und verwickelt jeden, den er trifft, in ein Gespräch – ob dieser nun will oder nicht. Jede Antwort, die er bekommt, ist ihm nur Anlaß, neue Fragen zu stellen. Zunächst erweckt Sokrates dabei den Eindruck, als sei ihm sein Gesprächspartner überlegen und er selbst der Unwissende. Aber je mehr sich der Angesprochene auf die Fragen des Sokrates einläßt, desto unsicherer wird er, bis er von Sokrates dermaßen in die Ecke gedrängt wird, daß er sich selbst unwissend und unfähig fühlt. Besonders die Politiker der Stadt hat Sokrates dazu ausersehen, sie in ihrer arroganten Unwissenheit bloßzustellen. Für viele wird er lästig wie eine aufdringliche Fliege, die man nicht mehr los wird. Für die einen ist er ein Spinner, der nur durch seine naiven Fragen auffällt, für die anderen ist er der große weise Mann Athens.

In einer Zeit der Auflösung und Zersetzung von Recht, Staat und Religion in Athen, versuchte Sokrates die Menschen zur Selbsterkenntnis zu führen.

Politiker, die die Stadt schlecht und nur zum eigenen Nutzen regieren, gibt es am Ende dieses 5. Jahrhunderts viele in Athen. Die Stadt, einst Mittelpunkt Griechenlands und ein wirtschaftlich und politisch gesunder Wohlstandsstaat, gerät in die Krise. Seine Errungenschaften wenden sich mehr und mehr gegen den einzelnen Menschen. Eroberungskriege (Peloponnesischer Krieg 431–404 v. Chr.) werden geführt, Diktaturen errichtet. Betrug und Korruption herrschen schon lange bevor Athen im nächsten Jahrhundert zerfällt. Das Bestehende ist ausgehöhlt, und Sokrates hält den Finger auf die Wunde, die kaum jemand sehen will. Als unbequemer Frager kritisiert er die vor dem Verfall stehende Gesellschaft Athens.

Keine geschriebene Zeile ist uns von Sokrates überliefert, und was wir von ihm wissen, erfahren wir von seinem Bewunderer Platon, der ihn in seinen »Dialogen« auftreten läßt und dabei das Prinzip des Fragens, die sokratische Methode der Erkenntnis verdeutlicht: Ist eine Antwort gegeben, so zerlegt Sokrates sie in immer neue Fragen, um der Wahrheit Schritt für Schritt näher zu kommen und sie wie eine Hebamme ans Tageslicht zu bringen.

Maieutik (Hebammenkunst) wird diese Erkenntnismethode auch genannt. Nur steht am

Obwohl die Möglichkeit zur Flucht bestand, sah Sokrates der Vollstreckung seines Todesurteils gelassen entgegen. In seiner Todesstunde philosophierte er mit seinen Freunden über die Unsterblichkeit der Seele.

Ende nicht eine eindeutige Wahrheit, ein auf ewig gültiges Wissen, sondern ein wissendes Nichtwissen. »Jener meint zu wissen und weiß doch nicht; ich, der nicht weiß, glaube auch nicht zu wissen; ich scheine somit um ein geringes wissender zu sein als er, weil ich nicht meine zu wissen, was ich nicht weiß.«

Dieses wissende Nichtwissen versucht jedoch, der Wahrheit so nahe wie möglich zu kommen. In vielem den Sophisten verwandt, führt das aber nicht zu deren Relativismus, sondern Ziel des Erkennens ist für Sokrates die *Selbsterkenntnis* des Menschen. Was sich bei den Sophisten schon angedeutet hat, daß der Mensch nicht nur das erkennende, sondern auch das sich selbst erkennende Wesen ist, entwickelt Sokrates zu einer neuen Ethik. Weiß ich, was ich bin, weiß ich auch, was ich soll: nämlich das Gute wollen. Tugend beruht auf Wissen, auf Einsicht, besagt diese Ethik.

Sokrates lebt seine Philosophie und auch seine eigene Ethik, tagtäglich, und das wird ihm zum Verhängnis. Seine Kritik an der verkommenen

30

Gesellschaft Athens bringt ihn vor Gericht, das ihn zum Tode durch Gift verurteilt. Er ist unerträglich geworden für die Kritisierten.

Sokrates stirbt wie er gelebt hat: Bis das Schierlings-Gift wirkt, bedrängt er diejenigen, die um ihn herum sind, mit seinen Fragen, damit auch sie sich Rechenschaft über ihr Tun ablegen. Der heitere Tod dieses ersten »Freidenkers« weist auf eine philosophische Haltung hin, die das Leben zu einer ewigen Frage macht.

Die Idee als Urgrund des Seins – Platon

Sokrates ist tot. Entsetzt über das gegen ihn vollstreckte Todesurteil, flieht sein Schüler Platon (um 427–um 347 v. Chr.) nach Megara ins Exil.

Im Alter von zwanzig Jahren hatte Platon Sokrates kennengelernt und war sofort in seinen Bann geraten. Aus einer einflußreichen aristokratischen Familie stammend, wollte und sollte er wie viele seiner Verwandten Politiker werden. »Dereinst als ich jung war, ging es mir ebenso wie vielen. Ich war gesonnen, sobald ich zur Selbständigkeit gelangt sein würde, sogleich zur Teilnahme an den öffentlichen Angelegenheiten mich anzuschicken ... Einen solchen werden dann, wenn er älter wird, Verwandte und Mitbürger für ihre Zwecke ausnützen wollen. Sie werden ihm ihre Bitten zu Füßen legen und durch Schmeichelei seinen künftigen Einfluß mit Beschlag zu legen versuchen. Was wird nun ein solcher Mann in einer derartigen Lage? Läuft er nicht Gefahr, sich einzubilden, er sei der Mann, die Politik Griechenlands in die Hand zu nehmen, wird er nicht hochmütig und von eitlem geistlosen Dünkel erfüllt werden?« So blickt Platon später in seiner Schrift »Politeia« (Der Staat) auf die Zeit zurück, bevor er Sokrates trifft. Diese Begegnung wird

Platon, ein politischer Denker, verzichtete aus Enttäuschung über die athenische Politik auf aktives Wirken, er entschied sich für die Philosophie.

dann zu seiner persönlichen Wende, denn wie viele ist auch er durch Sokrates' Fragetechnik irritiert. Platon nimmt den Zustand wahr, in dem der Staat ist, entdeckt Mißgunst, Korruption, Diktatur, sieht, wie man den mahnenden Frager Sokrates verfolgt, und kommt zu der Erkenntnis: »So sah ich mich genötigt, in Anerkennung der wahren Philosophie es auszusprechen, daß nur sie den Blick für die Gerechtigkeit im gesamten öffentlichen und privaten Leben verleiht.«

Verfall und Korruption

Der Verfall der politischen Sitten in Athen, der dem späteren militärischen und politischen Niedergang vorausgeht, erreicht in den Augen Platons mit dem Todesurteil gegen Sokrates seinen exemplarischen Ausdruck.

Im Exil in Megara holt Platon Sokrates ins Leben zurück, indem er ihm in seinen Dialogen als Wortführer die eigenen philosophischen Gedanken in den Mund legt. Diese verbreitet er dann in Athen, als er dorthin zurückkehrt. »Diese Gesellschaft bietet keine Einheit; zwei Staaten sind es auf demselben Platz – der Staat derer, die haben, und der Staat derer, die nicht haben.« Gegen Ungerechtigkeit, Verfall und Korruption gibt es für Platon keine andere Möglichkeit der Kritik als die der Revolutionierung des gesamten Lebens von Grund auf, das heißt: Auf Grund von Gerechtigkeit und Tugend.

Tugend und Gerechtigkeit

Wie konnte es zu diesem Verfall Athens kommen? Die Antwort Platons lautet in Anlehnung an Sokrates: Es hat an Tugend gemangelt, die auf Einsicht, auf Wissen beruht, auf einem Wissen, das nur die Philosophie gebären kann. Gegen die trügerische und vergängliche Meinung eines jeden gilt es Einsicht und Tugend zu lehren, wie Platon im Dialog »Protagoras« fordert. Im »Gorgias«-Dialog geißelt er die egoistische Moral, die die Athener befallen hat, und stellt ihr die politische Haltung des Sokrates gegenüber, der die Tugend und die Gerechtigkeit lebte.

Über Sokrates geht Platon dann insofern hinaus, als er den Relativismus der Sophisten und das wissende Nichtwissen des Sokrates nicht gelten läßt. Denn für ihn ist die Philosophie Wissenschaft, die in der Lage ist, gültige Erkenntnis zu liefern.

So fragt und untersucht er: Welche Sehnsucht trägt der Mensch in sich?, Welchen Sinn hat sein Sein? – Mit diesen Fragen beginnt, wie Platon sagt, »der Riesenkampf um das Sein«.

Er ist der Trieb des Eros, der Liebe, in dem das Ur-Verlangen und das Ur-Sein des Menschen verborgen liegt. Dieser Eros ist die Sehnsucht nach dem Schönen, das Verlangen des Menschen, teilzuhaben am Schönen, in ihm Heimat zu finden. Der Mensch sieht zuerst die Schönheit der Dinge und der Menschen, erst in einem, dann in mehreren, dann in allen. Aber der Eros treibt ihn noch weiter. Er will das Schöne selber schauen, er will das Urbild der Schönheit entdecken. Dieses Urbild des Schönen schaut er schließlich in der Idee des Schönen.

Idee des Schönen

Hier kommen wir zum wesentlichsten Teil der Philosophie Platons, der *Lehre von den Ideen*. Diese komplizierte Konstruktion der Ideenlehre Platons können wir deshalb nachvollziehen, weil Platon als erster der Philosophen ein umfangreiches schriftliches Werk hinterlassen hat. Dennoch ist seine eigentliche philosophische Tätigkeit eine mündliche gewesen: Dispute, die er mit seinen Schülern in der von ihm gegründeten Akademie geführt hat.

Zuerst formuliert Platon seine Ideenlehre im Dialog »Menon« und später in der Schrift »Politeia« (Der Staat), die die Summe seines Philosophierens enthält. Ausgangspunkt dieser Lehre ist die Frage: Was haben die zahlreichen Dinge, die uns umgeben, als gemeinsames Wesentliches? Welches ist das wahre, wirkliche Sein?

Auf der Suche nach Antwort treibt der Eros den

Menschen, bis er das Wesentliche mit »den Augen des Geistes« erblickt, und zwar in der Idee des Schönen als ein »von Natur wunderbares Schönes, welches zunächst immer ist und weder Werden noch Vergehen kennt«. Kann er die unveränderliche Wirklichkeit der Idee also nur schauen, so nimmt er die Vielfalt der Dinge mit den Sinnen nur wahr. Diese Dinge sind ihrem Wesen nach jedoch nur *Abbilder der Idee* (Schatten der Idee).

Höhlen-gleichnis

Im berühmten Höhlengleichnis erklärt Platon das Verhältnis der Wahrnehmung der Dinge durch den Menschen zu ihrem eigentlichen Wesen. Demnach sind die Menschen wie in einer Höhle gefesselt und blicken auf eine Felswand, während hinter ihnen ein Licht flackert. Was zwischen ihnen und dem Licht vorübergeht oder getragen wird, nehmen die Menschen auf der Wand nur als Schatten wahr, die sie aber für die Wirklichkeit halten. Das Wahre werden sie aber erst dann erkennen, wenn sie, befreit von den Fesseln, zumeist noch gegen ihren Willen, sich dem Licht zuwenden können. Zuerst geblendet, werden sie mit der Zeit das wahre Wesen der Dinge, ihre Idee, erkennen.

Dieses Gleichnis will sagen, daß der Mensch von dem, was er sieht, irrtümlich meint, es sei die Wahrheit, obwohl er nur den Schein wahrnimmt. Zwei Welten also gibt es: die Welt der Erscheinungen und die Welt des wahren Seins, der Ideen. Diese letztere Welt ist aber nur durch den Geist und die Seele des Menschen zu erkennen.

Zugang zu dieser anderen Welt der Idee hat der Mensch nur dadurch, daß er wiedererkennt, was seine Seele schon einmal gesehen hat, und die Dinge unter ihre Wesensbegriffe (Idee) einordnet. Zwei gleiche Dinge, etwa zwei Pferde sind für ihn nur deshalb gleich, weil er in ihnen dieselbe Idee (Pferd-heit) wiedererkennt. Die Seele muß schon gesehen haben, behauptet Platon. Wie sonst sollte der Mensch im Chaos der unzähligen Dinge eine

In seiner Ideenlehre unterschied Platon die Idee der Schönheit und die schönen Dinge. Erstere ist ewig und unvergänglich, letztere dagegen sind vergänglich, sind Sinnendinge, Abbilder der Idee. Venus von Milo (Paris, Louvre)

Ordnung erkennen? Wie sonst könnte er Begriffe bilden (Pferd-heit, Pflanze), Dinge benennen?

Wie aber kann der Mensch fähig sein zur Wiedererkenntnis (Anamnese) der Urbilder, der Ideen? Er muß diese Fähigkeit in einer Existenz vor der Geburt erlangt haben. Es muß also eine *Präexistenz* des Menschen geben. In dieser hat er mit seiner Seele die Wesenheiten geschaut und trägt das Abbild der Idee in sich. Die Dinge, die er also auf der Erde sieht, sind allein Abbild dieser Ideen. Die höchste dieser Ideen ist *das Gute*, das Platon mit der Sonne vergleicht, da sie gleich ihm erleuchtet und Leben schenkt.

Diese Idee des Guten zu verwirklichen, soll das gesamte Handeln des Menschen bestimmen. Richtschnur dafür soll, wie es im Dialog »Gorgias« heißt, die Gerechtigkeit und die Selbstbeherrschung sein. Ist die Gerechtigkeit die wesentliche Tugend des einzelnen Menschen, muß sie es auch für den »Menschen im Großen«, für den Staat sein. Aus diesem Grundgedanken heraus entwirft Platon sein *Idealbild des Staates* als Kritik am und als Gegenentwurf zum zerfallenden Staat Athen.

Idealismus bei Platon

Platon begründet mit seiner Lehre von den Ideen den Idealismus in der Philosophie, der der Ansicht ist, daß alles Wirkliche eine Idee des Geistes ist, auch jedes materielle Ding. Der Mensch nimmt nur die Erscheinung der Dinge wahr; Zugang zur Welt des Eigentlichen der Dinge, das die Idee ist, kann er bei Platon nur durch die Wiedererkenntnis (Anamnese) finden.

Den Gegensatz zum Idealismus bildet der Materialismus, der der Ansicht ist, daß alles Wirkliche eine körperliche Existenz hat und so auch direkt erfahrbar ist (→ siehe auch Kästchen S. 139 und S. 159).

Da es allein der Philosoph ist, der in der Lage ist, das Gute und die Gerechtigkeit zu erkennen und auch zu leben, kommt Platon zu der Forderung: »Wenn nicht entweder die Philosophen Könige werden oder die Könige und Machthaber sich wahrhaft und ausreichend mit der Philosophie befassen und dies nicht in eins zusammenfällt, politische Macht und Philosophie, gibt es kein Ende für die Übel der Städte, ja, glaube ich, nicht für die Menschheit insgesamt.«

Platon teilt seinen Idealstaat in drei Stände ein, *Idealstaat* die dem Seelenaufbau des Menschen entsprechen. Der unterste, dritte Stand ist der der Bauern und Gewerbetreibenden, die für das materielle Wohlergehen zu sorgen haben und dem begehrenden Teil der Seele entsprechen. Den zweiten Stand bilden die »Wächter« des Staates, die dem mutigen Teil der Seele zugeordnet werden. Der erste, als der regierende Stand, ist der der Weisen, der dem erkennenden (Verstandes-)Teil der Seele entspricht. Sie haben durch die Philosophie das Wesentliche erkannt und können so Erzieher des Volkes sein. Ihre Tugend ist Einsicht, Vernunft. Machtstreben und persönliches materielles Begehren ist ihnen fremd, da sie das Wesentliche in der Idee des Guten und der Gerechtigkeit erkannt haben.

Diese Konstruktion eines Idealstaates klingt für uns heute angesichts der gesamten Geschichte, die Beispiele absoluter Uneigennützigkeit von Macht nicht gekannt hat, absurd. Aber *Platons Utopie* steht am Anfang eines utopischen Den- *Utopie* kens. Zudem ist es für Platon der Entwurf einer ganz konkreten Utopie, die er als zunächst rein gedankliche Konstruktion gleich dreimal zu verwirklichen versucht: als Gast der Herrscher von Syrakus in Sizilien. Dreimal scheitert er aber auch gerade daran, daß keiner der Herrschenden bereit ist, die von ihnen ausgeübte Macht nicht zur Unterdrückung auszunutzen. Diese erste Utopie ei-

ner anderen Gesellschaft ist Ausgangspunkt für
zahlreiche Entwürfe von Idealgesellschaften geworden, die gut zweitausend Jahre später formuliert werden sollten.

Für die Philosophie waren die philosophischen
Gedanken Platons von so grundlegender Bedeutung, daß der englische Philosoph Whitehead zu
der Ansicht gelangt, daß alle spätere Philosophie
nur eine Reihe von Fußnoten zur Philosophie Platons gewesen sei. Sicher gilt, daß Platon auf die
Frage nach dem Sein und dem verantwortlichen
Tun des Menschen sowie auf die Frage danach,
was hinter dem wahrnehmbaren Sein liegt, zum
ersten Mal sehr differenzierte Antworten gefunden hat.

Wie kommt man zum Wesen der Dinge? – Aristoteles

Von Sokrates hat der römische Philosoph und
Staatsmann Cicero einmal gesagt, er habe die Philosophie vom Himmel auf die Erde geholt. In der
Tat ist Sokrates der Philosoph der Straße und des
öffentlichen Platzes geworden, indem er den Alltag des Menschen zum Gegenstand seiner philosophischen Fragen gemacht hat. Platon hat dann
die Philosophie wieder in höhere Sphären geho-

ben, indem er die Idee als nicht sinnlich erfahrbaren Urgrund des Seins zum Zentrum seiner Philosophie machte.

Sein Schüler Aristoteles (384–322 v. Chr.) kehrt wieder zur Erde zurück, zwar nicht zur täglichen Praxis wie Sokrates, aber er gibt der sinnlichen Wahrnehmung der erfahrbaren Umwelt wieder einen Platz in seiner Philosophie.

Aristoteles kommt mit siebzehn Jahren als Sohn eines Arztes aus der makedonischen Provinz nach Athen in die Akademie, wo er Platons eifrigster Schüler wird. Erst nach dem Tod seines Lehrers kann sich Aristoteles aus seiner geistigen Abhängigkeit lösen. Er wird eine Zeitlang Privatlehrer Alexanders, Sohn des Königs Philipp von Make-

Aristoteles systematisierte erstmals die Philosophie, indem er die theoretische und die praktische unterschied.

39

donien, als Thronfolger später Alexander der Große genannt. Zurück in Athen, gründet Aristoteles eine Akademie, die Schule der Peripatetiker (Herumwandler), so genannt, weil Aristoteles es liebt, im Gehen zu philosophieren und zu lehren.

Aristotelische Wissenschaftslehre

Die Philosophie des Aristoteles ist in einem umfangreichen Werk überliefert, das sich mit allen Gebieten beschäftigt: mit der Natur, der Mathematik, der Kunst, der Ethik und der Politik. Aristoteles macht die Philosophie zur führenden Wissenschaft, die sich alle anderen Teilgebiete unterordnet. Erstmals systematisiert er die Philosophie, und in der Folge wird die Mehrzahl der Philosophen bemüht sein, ihr Leben der Ausarbeitung eines umfassenden Denksystems zu widmen. Aristoteles unterscheidet sein System in die theoretische (Physik, Ontologie, Logik) und in die praktische Philosophie (Ethik, Politik, Poetik).

Das Ziel des philosophierenden Menschen ist das *Erkennen*. Nicht so sehr im Handeln, sondern im Erkennen verwirklicht sich der Mensch. Dabei geht er von der Frage aus: Welche Prinzipien liegen im Sein, in den Dingen, daß sie so sind oder so werden wie sie sind? Mit dieser Frage will der Mensch die Physis (Natur) und die Metaphysik (was hinter der Erscheinung liegt) der Dinge erfassen. Welches Ziel und welchen Zweck hat das Sein?, so fragt er weiter. Jedes Ding hat einen

Einheit von Materie und Form

Stoff und eine Form, sagt Aristoteles und führt als Beispiel an, daß ein frisch gebrochener Marmorblock Stoff, also nur Materie ist, aber danach strebt, mehr zu werden. Das qualitative Mehr-Werden ist der Weg der Verwirklichung, der für den Marmorblock darin besteht, als Statue Form zu werden.

Die gleiche geheimnisvolle Kraft (Energie) wirkt auch in der lebenden Natur. Der Keim drängt dazu, Pflanze zu werden. Er muß es werden, will er sich verwirklichen. Jedes Ding, jedes Sein trägt also Zweck und Ziel in sich selbst, be-

darf also nicht der Idee wie bei Platon, die bei diesem abgetrennt vom Ding in einer anderen Welt
existiert. »Entelechie« nennt Aristoteles dieses
Prinzip der formenden Energie in jedem Sein.

Wenn nun alles nach Selbstverwirklichung und
Vollkommenheit strebt, welchen Zweck und welches Ziel trägt dann der Mensch in sich? Wie der
ganzen Natur, so wohnt auch dem Menschen die
Kraft der *Selbstverwirklichung* inne. Im Körper
liegt der Geist. Sinn und Ziel des menschlichen
Daseins ist für Aristoteles die Verwirklichung des
Geistes, des »Logos«. Er muß ein vernünftiges Le-
bewesen werden. Wie für den Keim die Pflanze,
so ist für den Menschen die Welterkenntnis Verwirklichung. In ihr erfährt er seine *Glückseligkeit*
(die »Eudämonie«).

Eine Frage bleibt jedoch noch offen: Worin
liegt der erste Ursprung von Welt und Mensch?
Muß es nicht eine Urbewegung gegeben haben?
Dieses erste Bewegende, der Motor allen Seins,

*Aristoteles war
Schüler Platons
in der
athenischen
Akademie.
Später gründete
er eine eigene
Schule, die
Schule der
Peripatetiker,
genannt nach
»peripatos«, der
Wandelhalle,
in der
philosophiert
wurde.*

41

muß selbst unbewegt sein, weil es sonst ja auch selbst wieder einen Ursprung haben mußte. Dieses erste Bewegende läßt sich nur aus dem ableiten, was auch gleichzeitig Ziel alles Strebens des Seins ist, die Verwirklichung, die Vollkommenheit. Absolute Verwirklichung und Vollkommenheit erkennt Aristoteles in der Gottheit. Dieser Gott ist aber nicht im christlichen Sinne als personifizierter Schöpfer der Welt zu verstehen, sondern nur als »unbewegter Beweger«, als geistiggöttlicher Urgrund. Dieser ist das ewig sich nur selbst denkende Denken.

»Unbewegter Beweger«

Da Erkennen das eigentliche Ziel des Menschen ist, braucht er ein Werkzeug des Denkens, das »Organon«, wie es bei Aristoteles heißt. Dieses Werkzeug ist der Logos, das *vernunftmäßige Denken*, das in sich schlüssig ist, also die Logik. Aristoteles begründet damit die Wissenschaft von den Wegen und Formen des Denkens, der Logik und der formalen Logik. Für ihn ist sie vor allem eine Erkenntnisübung, die die Begriffsbildung, Möglichkeiten des Urteils, der Beweisführung und Formen des »Syllogismus« (den Schlüssen, hauptsächlich vom Allgemeinen auf das Besondere) zum Gegenstand hat.

Als Beispiel für zwei Urteile, die zu einem logischen Schluß führen, möge folgendes gelten: Alle Menschen sind sterblich (1. Urteil), Sokrates ist ein Mensch (2. Urteil). Daraus folgt: Sokrates ist sterblich (Schluß).

Die Ethik des Aristoteles geht nicht wie die Platons von der Idee des Guten aus, sondern fragt praktisch nach dem Weg. Dabei setzt sie ein Ziel (»Telos«), auf das der Mensch sein Wirken richtet: die Glückseligkeit (Eudämonie). Wie kann der Mensch sie erreichen? Eben, indem er das verwirklicht, was in ihm angelegt ist, d. h. was sein eigentliches Wesen ausmacht. Die Tugenden, die zur Selbstverwirklichung, zur Glückseligkeit führen, sind der Gebrauch des Verstandes, also das

Glückseligkeit

Denken als Ausdruck des Wesens, Mäßigung, Selbstkontrolle und der goldene Mittelweg.

Die Ethik des Aristoteles setzt also keine verbindlichen, unbedingten Normen, sondern läßt jeden einzelnen den eigenen Weg zur Glückseligkeit wählen. Anders als Platon macht Aristoteles die Ethik und seine politischen Überlegungen nicht zu einer Utopie, auch wenn er davon ausgeht, daß sich der Mensch als Gemeinschaftswesen nur in einer gesunden Polis verwirklichen kann – was Athen zur Zeit Aristoteles' aber nicht mehr gewesen ist.

Nach dem Tode Alexanders des Großen muß Aristoteles aus Athen fliehen, weil man versucht, gegen ihn einen Prozeß wegen Gotteslästerung

Die griechische Philosophie
kennzeichnete nicht nur den
Beginn des abendländischen
Philosophierens, sondern be-
stimmte auch für weitere zwei
Jahrtausende maßgebend die
Entwicklung der Philosophie. Ih-
ren Höhepunkt hatte sie im
»Dreigestirn«: Sokrates, Platon
und Aristoteles.

Links: »Die Schule von
Athen«, Wandgemälde von Raffael. Der Ausschnitt zeigt die
Philosophen Platon und Aristoteles in der platonischen Akademie (siehe auch oben). Rechts:
Platon und seine Schüler.

Griechische Antike

anzustrengen. Er will es nicht Sokrates gleichtun, der sich dem Urteil ausgesetzt hat, und geht ins Exil nach Chalkis auf Euböa. Hier wird er noch kurz vor seinem Tode im Jahr 322 v. Chr. Zeuge der militärischen Niederlage Athens, die den endgültigen Zusammenbruch Griechenlands einleitet.

Die Philosophie des Aristoteles jedoch wirkt weiter über die römischen Denker bis ins Mittelalter, indem sie häufig als Argumentationshilfe benutzt wird.

Philosophie als Lebenshaltung –
Lust – Ruhe – Skepsis

Unter der Herrschaft Makedoniens verlieren die griechischen Stadtstaaten ihre Autonomie und müssen sich einem Großreich unterordnen. In den zentralistisch regierten Königreichen verliert die Polis als Ort freier geistiger Auseinandersetzung ihre Funktion. Zwar verbreiteten die Feldzüge Alexanders des Großen die griechische Kultur weit, aber in der griechischen Polis haben Kultur und Philosophie nicht mehr den öffentlichen Platz, den sie brauchen. Ab 200 v. Chr. geht dann Griechenland im Römischen Reich auf. Die Kultur der Griechen lebt dort zwar weiter, aber Kultur und Philosophie spielen keine aktive Rolle in Gestaltung und Kritik der Gesellschaft mehr. Da es keine äußere Freiheit mehr gibt, versucht der Philosoph die innere Freiheit zu gewinnen und zu wahren.

Rückzug auf sich selbst

Sokrates hatte den Finger der fragenden Kritik auf die Wunden Athens gelegt, Platons Ausgangspunkt der Erkenntnis war eine Kritik, die den Staat revolutionieren sollte, indem er einen Idealstaat entwarf. Aristoteles war der Philosoph der Bestandsaufnahme, der Summe griechischen Denkens. Die Philosophen danach ziehen sich auf sich selbst zurück. – Ein Ablauf, der sich auch zu anderen geschichtlichen Zeiten wiederholen soll.

Die Blüte der griechischen Philosophie ist aus der Kritik an der welken politischen Gesellschaftsordnung entstanden. Von nun an herrscht die Innerlichkeit in einem zu erringenden und zu verteidigenden Freiraum. Ruhe, Skepsis, Heiterkeit sind die Grundhaltungen des Philosophierens in den Jahrhunderten nach dem Tod Alexanders des Großen.

Für die Philosophie treten nun neben den Fragen nach den Erkenntnismöglichkeiten der Welt Fragen zur Stellung des Menschen in der Welt in den Vordergrund: Wie soll ich leben?, Wie kann ich meine Existenz retten?, Wie kann ich Freiheit erlangen?

»Ursprung und Wurzel alles Guten ist die Lust.« In ihr allein könne der Mensch sein Glück finden, antwortet Epikur von Samos (341–270 v. Chr.), der 306 v. Chr. in einem Garten Athens eine Schule gründet, deren Anhänger im Volksmund bald die »Philosophen vom Garten« genannt werden.

Die *Lust* bezieht sich weniger auf den Körper als auf den Geist. Denn erst wenn die leiblichen Leidenschaften vertrieben sind, begibt sich die Lust auf die Ebene des Verstandes. Erst dann ist der Zustand der höchsten Lust, die Seelenruhe, die Heiterkeit des Gemüts (Ataraxie) erreicht. Diese Heiterkeit ist nicht im öffentlichen Leben zu erlangen, – »Leb im Verborgenen«, fordert Epikur –, sondern nur in der Freundschaft, in einem Kreis von Gleichgesinnten, in einem Freiraum. Auch die Aussicht des Todes kann diese Heiterkeit des Gemüts nicht trüben, denn »wenn wir sind, ist der Tod nicht, und wenn der Tod ist, sind wir nicht«. So kann der Mensch, wenn er sich den Raum von Freiheit, die Nische in der Gesellschaft, bewahrt, sein Dasein genießen.

Eine andere Form dieser antiken philosophi-

Epikur wollte mit seiner Philosophie den Weg zum ungetrübten Genuß am Dasein aufzeigen.

schen Haltung pflegt die Schule der *Stoiker,* die um 300 v. Chr. von Zenon aus Kition (336–264 v. Chr.) gegründet wird. Auf der Suche nach der menschlichen Glückseligkeit finden die Stoiker nicht wie Epikur das Lustprinzip, sondern das Prinzip des naturgemäßen Lebens. Der Mensch muß sein Ich so harmonisch mit der Natur, die göttliche Weltvernunft ist, in Übereinstimmung bringen, daß er, da er durch die Vernunft mit Gott verwandt ist, Tugend und Weisheit erreichen kann. Frei ist nur der Mensch, der innerlich frei ist, sagen die Stoiker und meinen damit vor allem die Freiheit von den Leidenschaften, die erst den Zustand der Ruhe (der Apathie) hervorbringt, das Ziel der Weisheit. Diese stoische Ruhe ist sprichwörtlich für das Philosophieren geworden, obwohl eigentlich Philosophieren doch heißt, ständig in Unruhe zu sein angesichts all der Fragen, die den philosophierenden Menschen bedrängen.

»Stoische Ruhe«

Eine weitere, jedoch weniger bedeutende Schule ist die der *Skeptiker,* deren Gründer Pyrrhon von Elis (360–um 270 v. Chr.) ist. Sie sucht den Zustand des Nicht-Versicherns (der Aphasie), der Skepsis, die davon ausgeht, daß keine Erkenntnis möglich ist, da die Wahrheit unzugänglich ist. Die Folge davon ist der Rückzug des Menschen auf die private Existenz.

Die Stoiker lehrten, daß das Ziel der Weisheit und die Harmonie mit der Natur nur durch einen von Leidenschaften freien Zustand der Ruhe zu erreichen ist. (Bleistiftskizze von Adolph von Menzel)

Die drei Schulen finden unter den Römern zahlreiche Anhänger und Nachfolger. Alle drei existentiellen Philosophien sind Ausdruck einer politischen und geistigen Leere in der Zeit nach dem Zusammenbruch Griechenlands.

In dieser Leere wächst die Sehnsucht nach dem Glück als Ziel menschlicher Existenz und nach einem neuen Gott, nach einem Messias, der dann als Christus in die Geschichte tritt. In den ersten Jahrhunderten nach dieser Zeitenwende vermischen sich christliche Gedanken mit denen der griechischen Philosophie.

49

Lehrende römische Philosophen. Die Römer übernahmen große Teile der griechischen Philosophie und trugen zu ihrer Ausbreitung bei. (Sarkophag, um 260 n. Chr.)

Erste Schritte zum christlichen Glauben – Neuplatonismus

Die Vereinigung christlichen Gedankenguts mit Teilen der griechischen Philosophie findet ihren Ausdruck in der Philosophie Plotins (205–270), der in Rom lehrt und auf die Ideen Platons zurückgreift – weshalb seine Philosophie Neuplatonismus genannt wird.

Ursprung des Seins sieht Plotin in dem, was er Ur-Eines nennt. Es enthält die Vielfalt des Seins in sich, ist Gottheit. Der Mensch kann sein Glück nur erlangen, wenn er durch Ekstase oder durch mystische Vereinigung mit dem Ur-Einen, der Gottheit, die Welt der Vielfalt, die ihn umgibt, hinter sich läßt. Der Weg des Philosophierens ist der des Strebens nach Einheit mit der Gottheit.

In der Philosophie Plotins künden sich schon Fragen und Antworten des christlichen Zeitalters und der Philosophie des Mittelalters an. Die Philosophie der Antike geht ihrem Ende zu. Ihr ungewöhnlicher Reichtum an Fragen und Antworten hat diese umfangreiche Darstellung griechischen Denkens notwendig gemacht.

Viele Antworten, die die griechische Philosophie gefunden hat, gehören zum antiken philosophischen Erbe, dessen tragende Ideen von unschätzbarem Wert sind. Ihre Fragen haben auch heute an Aktualität nichts verloren.

Lesehinweis

Aristoteles: *Metaphysik*, Stuttgart 1981

Aristoteles: *Nikomachische Ethik*, Stuttgart 1980

Braun, Johanna u. Günter: *Der unhandliche Philosoph. Berichte zur Biographie des Sokrates*, Frankfurt 1982

Capelle, Wilhelm (Hrsg.): *Die Vorsokratiker*. Texte, Stuttgart 1973

Epikur: *Briefe, Sprüche, Werkfragmente*, Stuttgart 1980

Epikur: *Philosophie der Freude*, Stuttgart 1980

Parmenides: *Über das Sein*, Stuttgart 1981

Platon: *Sämtliche Werke, 6 Bde.*, Reinbek 1981/1982

Platon: *Apologie des Sokrates*, Stuttgart 1985

Platon: *Der Staat*, Stuttgart 1980

Plotin: *Ausgewählte Schriften*, Stuttgart 1973

Vernant, Jean Pierre: *Die Ursprünge des griechischen Denkens*, Frankfurt 1982

Diese und alle weiteren Lesehinweise beziehen sich hauptsächlich auf Taschenbuchausgaben.

Das Ringen um Glauben und Wissen im Mittelalter

Die Philosophie des Plotin steht am Ende der Antike und ihres Denkens. Aber die Frage, wie der Mensch zur Gottheit gelangt, und die Feststellung, Philosophieren bedeute, auf dem Weg zur Einheit mit der Gottheit zu sein, richten den Blick schon auf die kommenden christlichen Jahrhunderte und auf das Verhältnis der Philosophie zur Theologie.

Über lange Zeit hinweg bestehen antikes Denken und christlicher Glaube noch gleichberechtigt nebeneinander. Die erste Form des Christentums ist gekennzeichnet durch eine neue Art von Sein, Glauben und Zusammenleben. Sie hat sich besonders zur Zeit der Verfolgungen, denen das Christentum im Römischen Reich ausgesetzt ist, herausgebildet. Erst als das Christentum verwaltet wird, sich die Kirche als Verkörperung christlichen Lebens bildet, sie dann mehr und mehr Macht erlangt, die Kirchenväter über die geistliche Macht hinaus auch nach politischer Macht streben, wird das Verhältnis von Glauben und Wissen, von Theologie und Philosophie zu einem Problem: Ist die Religion die neue Philosophie? Tritt sie an ihre Stelle? Gibt das Christentum die Antwort auf alle Fragen, die die antiken Denker gestellt haben? Oder gebraucht die christliche Religion die Philosophie nur, um mit ihrer Hilfe zu argumentieren, sich selbst zu bestätigen?

Das Ringen um diese Fragen dauert einige Jahrhunderte, und erst im Hochmittelalter des 13. Jahrhunderts fällt die folgenschwere Entschei-

Macht der Kirche

dung mit Thomas von Aquin, der *Glauben und Wissen*, Theologie und Philosophie klar einander zuordnet, und zwar in einem Herr-Knecht-Verhältnis. Erst von da an herrscht der Glaube als unerschütterliche Lehre, als Dogma, und die Philosophie wird zur »Magd der Theologie«, bis die Philosophie (etwa ab 1400) wieder beginnt, sich aus ihren Fesseln der Unmündigkeit zu befreien, um zu neuen Fragen und Antworten zu kommen.

Und doch gibt es in dieser Zeit, die man das *Mittelalter* nennt, eine Unterströmung der permanenten Kritik, die sich im Laufe der Zeit immer stärker bemerkbar macht und den Boden, auf dem das religiöse Dogma steht, brüchig werden läßt.

Die Philosophen der Antike hatten versucht, gegen den Mythos aufzuklären, Vernunft durchzusetzen. Diese Aufklärung erlebte im Mittelalter

Das Christentum brachte im Gegensatz zur antiken Weltauffassung den Gedanken von Gott als Schöpfer hervor. Raffael: Die Erschaffung der Welt. Spaltung des Lichts von der Finsternis.

53

> **❗** Die Philosophie des Mittelalters ist durch das gespannte Verhältnis von Glauben (Theologie) zur Vernunft (Philosophie) gekennzeichnet. Die Philosophie soll die Magd der Theologie sein, sie soll mit ihrer sich auf Vernunft gründenden Argumentation die kirchliche Lehre, das religiöse Dogma, stützen, dem Glauben ein Fundament des Wissens geben. Aber gerade durch die Heranziehung der Vernunft hat die Theologie auch die Kritik am religiösen Dogma herbeigeführt.

eine Niederlage, auch wenn die christlichen Denker den Versuch gemacht haben, mit den Kategorien der griechischen Aufklärung, mit denen der Vernunft, der Offenbarung, dem Glauben ein auf Wissen gegründetes Fundament zu geben. Dieser Versuch ist auf Dauer gescheitert. Er hat auch nicht gelingen können, denn Glaube und Vernunft bilden einen unauflöslichen Widerspruch. Durch die Heranziehung der Vernunft hat die christliche Wissenschaft gleichzeitig auch die Kritik mit herangezogen, da die Vernunft auf die letzten Schranken des unerschütterlichen Glaubens stößt und sich dann in Kritik umkehrt.

Widerspruch

Das Mittelalter, also etwa die Zeit von 500 bis 1400 n. Chr., ist dadurch geprägt, daß die Kirche auf Grund des Glaubens, der danach strebt, sich gegenüber heidnischem Denken auszudehnen, Reichtum und Macht anhäuft. Letztlich bestimmt die Kirche nicht nur die religiöse, sondern auch die weltliche Ordnung. Alle anderen Kräfte haben gegen diese Macht der Kirche auf Dauer nicht zu bestehen vermocht. Und doch haben innerhalb dieser Ordnung zwei sehr unterschiedliche Strömungen weiterexistieren können. Zum einen ist es die Tradition des aufklärenden antiken Denkens, das einen solchen Einfluß gewinnt, daß die Kirche zeitweise die Schriften des Aristoteles verbietet. Zum anderen ist es der heidnische Mythos,

Allegorie der Philosophie, die dreiköpfig dargestellt ist. Im Mittelalter gewann das aufklärende antike Denken einen solchen Einfluß, daß die Kirche zeitweise die Schriften des Aristoteles verbot. Im Holzschnitt von 1504 stehen die Philosophen Aristoteles und Seneca außerhalb des Kreises.

der im Bewußtsein der Völker nördlich der Alpen weiterlebt. Zwar hat die Kirche erfolgreich versucht, diesen Mythos mit der christlichen Religion zu verbinden, aber unterschwellig bleibt er noch lange eine gegen die kirchliche Ordnung gerichtete anarchische Kraft.

Die Einheit von christlicher und weltlicher Ordnung bricht erst auf, als sich gegen Ende des Mittelalters mit dem vermehrten Handel auch die Städte entwickeln, in denen der Bürger nach mehr innerer und äußerer Freiheit verlangt. Erst dann wird sich die Entwicklung verstärken, die das Denken aus den Fesseln des Glaubens befreit.

*Aurelius
Augustinus,
einflußreicher
Kirchenlehrer
und -politiker
der katholischen
Kirche.*

Gott als gültige Wahrheit –
Augustinus

»Sagt mir ein Mensch: ich möchte einsehen, um zu glauben, so antworte ich: glaube um einzusehen.« Diese Feststellung des Augustinus (354–430) könnte als Leitsatz für das christliche Denken am Beginn des Mittelalters stehen. Bezeichnet sie doch genau das, wozu der Mensch im Mittelalter gezwungen wird: erst zu glauben, diesen Glauben nicht in Frage zu stellen, und dann zu versuchen, alles andere zu erkennen.

Um diese Erkenntnis hat Augustinus selbst lange kämpfen müssen. Geboren wird er in Nordafrika (Tagaste) als Sohn einer christlichen Mutter und eines heidnischen Vaters. In seiner Jugend führt er ein ausschweifendes Leben. Geld, Macht und Frauen interessieren ihn vor allem, bis er dessen überdrüssig wird. Er besucht in Mailand die Vorlesungen des Bischofs Ambrosius. Ein Ausweg aus den auf Dauer schalen Vergnügungen tut sich auf: die Religion. Der Abschied von seinem bisherigen Leben fällt Augustinus schwer, was seine Schriften »Selbstgespräche« und »Bekenntnisse« bezeugen. »Zu Dir hin hast Du uns geschaffen, Herr, und unser Herz ist unruhig, bis es Ruhe findet in Dir«, heißt es dort. Augustinus verbreitet seinen eigenen Weg zu Gott als gültige Wahrheit. Er lehrt als Bischof von Hippo in Nordafrika und übt dort noch drei Jahrzehnte seine Macht aus.

»Ich zweifle, also bin ich« ist eine Grundüberzeugung Augustinus'. Das ist die einzige Gewißheit, die der Mensch besitzt. Muß es darüber hinaus aber nicht allgemeingültige Wahrheiten geben? Sie existieren nur außerhalb des Menschen und sind in Gott verankert, denn er ist die »unwandelbare Wahrheit«. Er ist die Offenbarung, die Seele der Welt. Dies muß der Mensch, dem Gott erst Leben geschenkt hat, glauben. Des Men-

Augustinus sah Gott als »unwandelbare Wahrheit«. Durch den Sündenfall hatte der Mensch seine von Gott gegebene Willensfreiheit mißbraucht; er war nun zu Errettung oder Verdammnis vorausbestimmt und der Gnade Gottes unterworfen. (Dürer: »Adam und Eva«)

schen Wille ist nur gerichtet auf die Liebe zu Gott. Durch den Sündenfall wurde die durch Gott gegebene Willensfreiheit mißbraucht. Die Erbsünde hat die Menschen mit Sünde beladen, sie ist Ursache des Bösen. Von der Verstrickung in die Sünde kann nur die Gnade Gottes befreien: Sie hat einen Teil der Menschheit dem Bösen entzogen, d. h. die Menschheit ist vorausbestimmt zum Guten oder Bösen *(Lehre der Prädestination)*.

Philosophie des Mittelalters

Scholastik ist diejenige Philosophie des Mittelalters, die versucht, die Glaubenswahrheiten der Religion als Wahrheiten der Vernunft nachzuweisen. Sie versteht sich als Schul(Schola)-, als Lehrphilosophie, die der Entfaltung und Verbreitung des christlichen Glaubens dienen soll.

Mystik (myein = Augen oder Lippen schließen, übertragen = Versenkung) ist die Philosophie des Mittelalters, durch die der Mensch das Sein Gottes und eine innerlich vereinende Begegnung mit ihm (unio mystica) erlebt. Indem der Mensch sich und Gott in der Versenkung erfährt, wird die Hierarchie und absolute Autorität Gottes und der Kirche aufgehoben. Die Mystik ist so auch Kritik am religiösen Dogma.

Augustinus hat mit dieser Lehre die Grundlagen für die Abhängigkeit der Philosophie von der Religion gelegt. Die Philosophie aber läßt in ihrem Fragen nichts aus, auch nicht die Frage nach dem letzten Grund des Seins. Diese Frage aber läßt die christliche Religion nicht zu, denn der Glaube allein setzt den letzten Grund allen Seins in Gott. So kann man sagen, daß es strenggenommen seit Augustinus für die nächsten Jahrhunderte eine Philosophie im eigentlichen Sinne nicht gibt, daß sie lediglich als *Argumentationshilfe für den Glauben* benutzt wird. Gleichzeitig aber werden wir sehen, daß die Heranziehung der Philosophie durch das bohrende Fragen der Vernunft immer Kritik erzeugt, die sich aber über lange Zeit nicht artikulieren kann, da sich die Macht der Religion über die Philosophie in den Jahrhunderten nach Augustinus mit der Herrschaft der christlichen Schulphilosophie, der Scholastik, noch verstärkt.

Glaube als Vernunftwahrheit? –
Die Scholastiker

Der erste bedeutende Scholastiker ist der am Hofe
Karls des Kahlen lebende Ire Johannes Scotus
Eriugena (810–877). Er versucht, den christlichen
Glauben als Vernunftwahrheit auszuweisen. In
seinem Hauptwerk »Von der Einteilung der Natur« stellt er dar, daß alles Seiende von Gott ausgeht, sowohl die Dinge als auch die Ideen, und
daß alles Seiende auch wieder zu ihm zurück-
strebt. Gott ist nicht nur Schöpfer, sondern alles
führt in einem Kreislauf zu ihm zurück, er ist für
den Verstand nicht erkennbar, wir können ihn nur
im Wesen der Dinge, in denen er erscheint, erkennen. Durch sie ist die Welt der sichtbar gewordene
Gott.

Das große Problem der christlichen Philosophie im gesamten Mittelalter ist hier schon ange-
schnitten: das *Verhältnis von Vernunft und Glauben.* Da der letzte Grund des Seins – Gott – für die
christliche Religion, für den Verstand nicht er-

kennbar ist, sondern nur geglaubt werden kann, beschränken sich die Scholastiker in der Philosophie zumeist auf die Frage: Wie stehen die Dinge zu den Begriffen? Was ist sinnlich erfahrbar? Was ist eher da, das Ding oder die Idee? Um diese Fragen streitet sich die gesamte Scholastik im sogenannten *Universalienstreit* (Streit um die Allgemeinheiten). Während man zuerst behauptet hat, daß die Allgemeinbegriffe *vor* den Dingen existieren (also der Begriff »Menschheit« vor dem einzelnen Wesen »Mensch«), die Allgemeinbegriffe also selbst Realität sind, behaupten die späteren Scholastiker, daß die Allgemeinbegriffe *in* den Dingen selbst liegen, d. h., daß zuerst das Wesen »Mensch« real existiert, wovon dann lediglich der Sammelname »Menschheit« gebildet wird.

Universalien-streit

Anselm von Canterbury (1033–1109) versucht, auch den Beweis Gottes mit der These von der Vorexistenz der Begriffe zu führen (ontologischer Gottesbeweis). Anselm ist so der erste christliche Philosoph, der meint, das Dasein Gottes mit Hilfe der Vernunft beweisen zu können, ohne allein auf die Offenbarung und den Glauben bauen zu müssen. Er sagt, jeder Mensch habe einen Begriff von Gott als höchstem vollkommenen Wesen in sich. Daraus schließt er, es müsse Gott also auch geben. Die subjektive Idee eines Dings, also auch die Idee von einem Gott, genüge, um die Existenz nachzuweisen.

In diesem Universalienstreit behauptet dann Petrus Abaelard (1079–1142), die Begriffe seien *in* den Dingen als deren Ähnlichkeit angelegt.

Abaelard ist einer der interessantesten und umstrittensten Gelehrten des Mittelalters, was auch die Literatur angeregt hat, sich mit ihm zu beschäftigen. Aus der Bretagne stammend, will er eigentlich Turnierkämpfer werden, geht dann aber doch zum Studium nach Paris, wo er eine eigene Schule gründet. Seine Lehrtätigkeit wird ihm von der kirchlichen Autorität immer wieder untersagt,

seine Schüler jedoch folgen ihm überall hin. Die berühmte Liebesgeschichte zwischen Abaelard und Heloise, der Nichte eines bekannten Pariser Kanonikers, endet damit, daß er entmannt wird und beide kurzerhand ins Kloster gesteckt werden. Auch seine Lehre ist dem Wesen nach und in der Erkenntnismethode konträr zum religiösen Dogma, so daß ein Konzil der Kirche im Jahre 1140 die Lehre des Abaelard verurteilt und ihn selbst verbannt.

Die Unruhe in Abaelards Leben äußert sich in seinem kritischen Denken, das den Zweifel als Ausgangspunkt hat. Das Allgemeine – die Idee – existiert für ihn nicht real, was somit auch nicht den ontologischen Gottesbeweis des Anselm zuläßt. Auch die anderen anerkannten kirchlichen Autoritäten verschont er nicht mit seiner Kritik. Seine Methode ist dabei die dialektische, indem er die verschiedenen Standpunkte zu Fragen der Existenz Gottes und des allgemeinen Seins gegenüberstellt, um so zu einer Lösung der Fragen zu kommen. Zumeist jedoch bleiben die Fragen als permanente Fragen bestehen und führen nicht zu einer verbindlichen Antwort. Allein die Tatsache,

Die Liebesgeschichte zwischen Petrus Abaelard und Heloise wurde mehrfach dichterisch behandelt. Szene aus »Abaelard und Heloise« in einem Theaterstück von Stefan Schütz.

61

Der Scholastiker Albertus Magnus, Lehrer des Thomas von Aquin, war durch seine Vielseitigkeit für das christliche Mittelalter von großer Bedeutung: der »doctor universalis« widmete sich nicht nur der Erschließung der aristotelischen Philosophie, sondern sammelte auch umfassende Erkenntnisse als Naturwissenschaftler, durch Beobachtung und Experiment.

daß wesentliche Fragen des Verhältnisses zwischen Gott und den Menschen offenbleiben, ist für die offizielle Kirchenlehre ein Ärgernis. Auch in der Ethik gelangt Abaelard zu eigenen, gegen das kirchliche Dogma gerichteten Ansichten. So ist für ihn Sünde nur das, was frei gewollt ist, also gegen das eigene Gewissen steht. Gott selbst ist die Liebe und nur durch die Liebe der Erlöser. – Eine Gottesbestimmung, die in ihrer Verneinung der Hierarchie zwischen Gott und Mensch ebenfalls dem herrschenden Dogma widerspricht.

Gegen die
Glaubenssätze

Abaelard ist wesentlich daran beteiligt, daß Paris zum geistigen Zentrum des Mittelalters wird, in dem die Kontroversen über das Verhältnis von Glauben und Vernunft ausgetragen werden.

An der Pariser Universität lehrt auch der erste bedeutende deutsche Philosoph Albertus Magnus (1193–1280). Nach dem Studium in Italien unterrichtet der Dominikanermönch zuerst in Köln, ab 1243 in Paris, kehrt dann aber einige Jahre später nach Köln zurück.

Albertus Magnus vertritt die Ansicht, daß die göttliche Offenbarung vieles enthält, was sich der Erkenntnis durch die Vernunft von vornherein entzieht, wie z. B. die Dreifaltigkeit und die Menschwerdung Gottes. Sie sind das Feld der Theologie und des Glaubens. Demnach hat sich die Philosophie auf die »natürlichen Wahrheiten« zu beschränken, die das Seiende der Natur bilden.

Philosophie als Magd der Theologie – Thomas von Aquin

Das große Ereignis in diesem 13. Jahrhundert ist die Entdeckung der gesamten Schriften des Aristoteles, die das theologische Weltgebäude insofern bedrohen, da sie ihr System von Welt auf Erkenntnis und Vernunft gründen, das zwar auch einen Gott kennt, aber nicht Gott als Schöpfer.

Die Lektüre der Schriften des Aristoteles wird zeitweise von den kirchlichen Autoritäten verboten, was die Begeisterung für sie aber nicht eindämmen kann. Einige Philosophen kommen durch sie zu dem Ergebnis, es gebe eine »doppelte Wahrheit«, die der Vernunft und die des Glaubens, was das mittelalterliche Anspruchsdenken der alleinigen Autorität der Kirche nicht akzeptieren kann.

Das ist die Stunde des Thomas von Aquin (1225–1274), der diese radikale Auslegung des Aristoteles zurückweist. Er integriert die kritische Wirkung der Ideen des Aristoteles, indem er eine Synthese schafft zwischen ihnen und den Glaubensdogmen. Kraft seiner Gelehrsamkeit, seines Ansehens und seiner Stellung beim Papst kann Thomas von Aquin seine Auffassung durchsetzen, so daß sie als gültige Lehre und Ordnung der katholischen Kirche bis heute wirkt.

Thomas von Aquin stammt aus einer italienischen Adelsfamilie und tritt gegen ihren Widerstand in den Bettelorden der Dominikaner ein. Er lehrt in Paris und Rom, bevor er Berater des Papstes wird.

Linke Seite: Ist die göttliche Offenbarung das Aufgabenfeld von Theologie und Glauben, so hat die Philosophie sich nach Albertus Magnus mit den »natürlichen Wahrheiten« zu beschäftigen. Dürer: »Offenbarung des Johannes«

Thomas von Aquin
* 1225 Schloß Roccasecca, † 1274 Fossanova

Thomas von Aquin meint, den Widerspruch zwischen Vernunft und Glauben lösen zu können. Der Glaube habe es mit den übernatürlichen, übervernünftigen, aber nicht widervernünftigen Wahrheiten der christlichen Offenbarung (Selbstkundgebung Gottes) zu tun. Alles andere Seiende ist durch die Vernunft erklärbar, auch Gott selbst, was Thomas von Aquin in fünf Gottesbeweisen darlegt.

1879 wird der »Thomismus«, also die Lehre des Thomas von Aquin, durch Papst Leo XIII. zur offiziellen Kirchenphilosophie erhoben.

Thomas von Aquin verstand es, die aristotelische Philosophie mit den Glaubensdogmen zu verbinden.

Die Synthese von Vernunft und Glauben wird erreicht durch eine genaue Abgrenzung ihrer Kompetenzen. Thomas legt fest, was der Vernunft und was dem Glauben vorbehalten ist. Wie sein Lehrer Albertus Magnus bestimmt er, der Glaube (die Theologie) habe es mit den *übernatürlichen Wahrheiten* der Offenbarung zu tun. Sie sind übervernünftig, aber nicht widervernünftig. Alles andere Seiende, auch Gott, ist aber durch die Ver-

*Die französische
Buchminiatur
aus dem
15. Jahrhundert
zeigt die
Verteidigung
des Glaubens
(Kirche) gegen
die Ketzer (die
Verblendeten
mit Augenbinde).*

nunft erklärbar und auch sinnlich erfahrbar. Dabei bezieht er sich auf Aristoteles, indem er aus der Tatsache der Bewegung der Welt schließt, daß Gott »die erste bewegende Kraft« ist. Gott ist aber nicht wie bei Aristoteles das Denken in der höchsten Form, sondern der Gott der Schöpfung allen Seins.

Thomas von Aquin schließt an diese Erkenntnis seine Gottesbeweise an, die er mit Hilfe der Vernunft führt. Sie haben noch heute für die katholische Kirche Gültigkeit. Die These von der »doppelten Wahrheit« von Vernunft und Glauben verwirft er mit der Feststellung, daß sowohl Vernunft als auch Glaube von Gott stammen und in dem Schöpfergott ihren Ursprung haben. Die Philosophie des Thomas von Aquin ist eigentlich vor allem eine Reaktion auf den kritischen Angriff gegen die Theologie durch die Theorie der »doppelten Wahrheit«, der er den Boden unter den Füßen wegziehen will, indem er behauptet, Vernunft und Glauben hätten ihre Wurzel in Gott.

Glaube als Versenkung –
Die Mystiker

Hildegard von Bingen, die erste deutsche Mystikerin.

Aber die Kritik und die Auflösung der Scholastik lassen sich durch die Installierung eines verbindlichen Dogmas nicht mehr aufhalten, denn die Zuordnung von Glauben und Vernunft, so genau man ihre Kompetenzen auch abstecken mag, ist auf Dauer nicht haltbar. Zu der Kritik in den Reihen der Scholastik gesellt sich etwa gleichzeitig eine andere geistige Strömung, die den durch Dogma verordneten Glauben nicht akzeptieren will, die *Mystik*.

Während die Scholastik hauptsächlich eine romanische Geistesbewegung gewesen ist und aus Frankreich und Italien nach England und Deutschland ausgestrahlt hat, wird die Mystik im christlichen Mittelalter durch bedeutende deutschsprachige Vertreter verbreitet: die Nonnen Hildegard von Bingen (1098–1179), Mechthild von Magdeburg (um 1210–1283) und Meister Eckart (um 1260–1327).

»Der Mensch trägt alle Wahrheit wesentlich in sich«, sagt Meister Eckart. Er erfährt sie, indem er die Augen schließt, sich loslöst vom weltlichen Leben und in seine Seele schaut. In der Tiefe der eigenen Seele erfährt er die *Vereinigung mit Gott* (die »unio mystica«). Allein in ihr erlangt der Mensch die innere Freiheit. Sein und Erkennen werden in ihr eins. Nicht Denken an Gott ist das menschliche Ziel, denn »alles was man von Gott sagen kann, das ist Gott nicht«, sondern Gott-in-sich-Haben. »Gott und ich, wir sind eins.« Diese Gedankengänge Eckarts machen deutlich, wie weit sich die Mystik, obwohl tiefreligiös, von den Glaubensdogmen der Kirche entfernt hat, wie sie den Menschen in den Mittelpunkt stellt und damit schon die Renaissance vorbereitet. Ludwig Marcuse sagt von ihr, daß sie die weltliche Herrschaft über den Menschen ablehne, somit anarchisch sei.

Rechte Seite: Jean Bellegambe: »Das mystische Bad der Seelen im Blute Christi«. Indem der Mensch tief in den Seelengrund hinabsteigt, kann er die »unio mystica«, die unmittelbare Beziehung zu Gott erfahren: »Gott und ich, wir sind eins.«

Die Kirche als schwankendes Schiff. Um 1400 deutete sich ein Bruch in ihrem Macht- und Autoritäts- anspruch an.

So kann es nicht verwundern, daß die Kirche Ekkart den Prozeß macht und sagt, er hätte mehr wissen und erkennen wollen als erlaubt sei, und so seine Lehre als ketzerisch verurteilt.

Spätestens um 1400 gerät das kirchliche Gedankengebäude ins Wanken. Bevor es zum endgültigen Bruch mit den alten Ideen kommt, wird es noch einige Zeit dauern, aber die Kritik hat schon in vielfacher Form diesen endgültigen Bruch vorbereitet.

Gott, Mensch und die Unendlichkeit – Cusanus

An der Nahtstelle zwischen Mittelalter und Neuzeit, zwischen einem Denken, das noch gefesselt ist von der Theologie, und einem Denken, das schon nach Unabhängigkeit strebt, steht Nikolaus von Kues (1401–1464), Cusanus genannt. Der Widerspruch zwischen Altem und Neuem geht durch seine eigene Person, besteht doch ein Gegensatz zwischen dem, was er denkt, und dem, was er als Kirchenpolitiker tut.

An der Mosel geboren, studiert er in Heidelberg, Padua und Köln, wird Augustinermönch und päpstlicher Diplomat, als der er unbarmherzig und mit Gewalt alle die verfolgt, die das religiöse Dogma in Frage stellen.

Und doch stellt seine Philosophie Fragen und findet Antworten, die die christliche Philosophie bisher nicht auszusprechen gewagt hat. Sein Denken ist eine Philosophie der Vermutungen, nicht der abgeschlossenen, sicheren Erkenntnis. Dabei stützt er sich auf seine eigenen mathematischen Forschungen und kommt zu der Vermutung, Gott sei die »absolute Unendlichkeit«. In der Unendlichkeit, auf die alles in der Welt hinstrebt, fallen jedes Objekt und jedes Subjekt zusammen. Im Schnittpunkt dieser Unendlichkeit steht Gott, der so das schlechthin Größte als auch das Kleinste darstellt.

Cusanus (oben) wurde im Jahr 1448 zum Kardinal ernannt (unten rechts). Acht Jahre zuvor entstand die Schrift: »De Docta Ignorantia« – Von der gelehrten Unwissenheit (unten links).

De Docta Ignorantia

71

Lesehinweis

Abaelard: *Theologie vom höchsten Guten*, Hamburg 1988

Augustinus, Aurelius: *Bekenntnisse*, München 1982

Augustinus, Aurelius: *Vom Gottesstaat*, München 1978

Mieth, Dietmar (Hrsg.): *Meister Eckart, Werke*, Freiburg 1979

Nikolaus von Kues: *Über die gelehrte Unwissenheit*, Hamburg 1967

Thomas von Aquin: *Fünf Fragen über die intellektuelle Erkenntnis*, Hamburg 1977

Ist Gott aber nun die Unendlichkeit, wie kann er dann vom Menschen erfaßt werden, fragt Cusanus weiter. Gar nicht, antwortet er, denn in diese Unendlichkeit gelangt der Verstand des Menschen nicht.

Da wir das wissen, wissen wir auch von der Unmöglichkeit der Erkenntnis, besitzen also ein »wissendes Nichtwissen«. Daraus schließt Cusanus: »Zu dem unbegreiflichen Gott gelangt man durch dieses Wissen des Nichtwissens.« Dennoch ist im Menschen eine Sehnsucht. Sie strebt nach Gott, der aber verborgen ist. Dieser verborgene Gott kann sich dem Menschen nur selbst offenbaren, denn kein Weg der Erkenntnis führt zum Ziel.

Der Widerspruch, alles auf Gott hinzuführen und gleichzeitig die Stellung des Menschen im Universum als eigenständiges Subjekt zu bestimmen, ist für Cusanus noch nicht lösbar, da er die Fesseln zum Glauben noch nicht völlig durchschnitten hat, auch wenn er als erster Denker des europäischen Mittelalters eine naturwissenschaftliche, mathematische Erkenntnis als Ausgangspunkt für die Welterklärung nimmt.

Das neuzeitliche Weltbild

Der Mensch hat zu knien, er muß sich beugen vor Gott und der kirchlichen Ordnung, die auch das Diesseits bestimmt. Das ist die Forderung an den Menschen des Mittelalters gewesen. Der Mensch muß aufstehen wird dann ab etwa 1400 immer mehr die Forderung, die der Mensch an sich selbst stellt. Das Leben als Last im Mittelalter wird zum Leben als Lust. Eine neue Zeit beginnt. Neuzeit wird sie seitdem genannt. Der Mensch des Mittelalters hatte auf den Erlöser gewartet, dessen Gnade eine Erlösung von Sünde und Schuld, ein Leben im Jenseits als Belohnung für das Knien verspricht. – Nun ist der Erlöser der Mensch selbst, er nimmt sein Leben in die Hand.

»Du allein, Mensch, hast eine Entwicklung, ein Wachsen nach freiem Willen. Du hast Keime eines allartigen Lebens in Dir« ist der Appell des Italieners Giovanni Pico della Mirandola (1463–1494) in seiner Schrift »Die Würde des

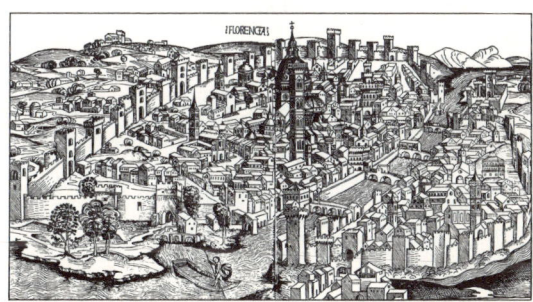

Italien, hier besonders Florenz, gilt als Wegbereiter des neuen Lebensgefühls der Renaissance. Holzschnitt aus der Schedelschen Weltchronik, 1492.

Der Mensch des Mittelalters hatte sich vor den Herrschafts-ansprüchen der Kirche und des Glaubens zu beugen.

Menschen«. Er lehrt in Florenz an der neuen Platonischen Akademie, die von den Fürsten Medici gegründet worden ist.

Italien und besonders Florenz ist die Wiege dieser neuen Bewegung und des neuen Denkens, das den *Menschen als Mittelpunkt* der Welt sieht und sich dabei auf die Antike bezieht.

Renaissance (Wiedergeburt) nennt sich diese Bewegung. Aber sie ist nicht nur Wiedergeburt, ist

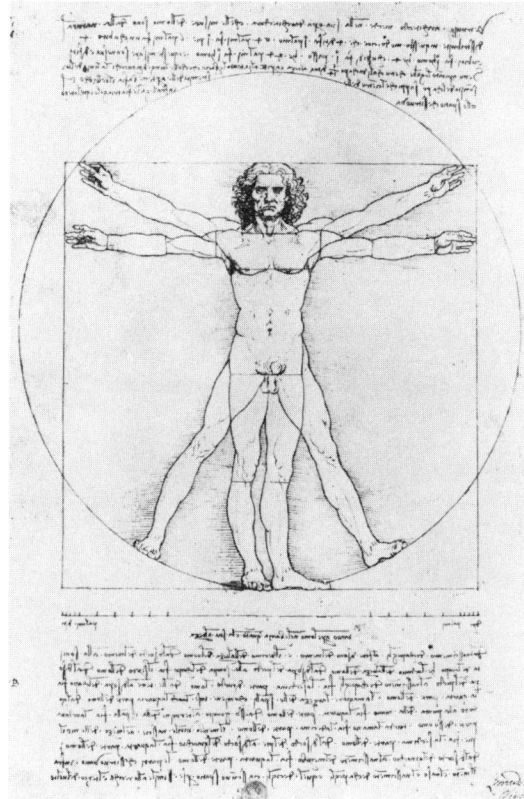

Ein neues Bewußtsein, das den Menschen in den Mittelpunkt der Welt setzte, wurde durch die Renaissance geweckt. Der Mensch begann, sich neu zu bestimmen.

nicht nur Altes, was wieder belebt wird, sie ist neu, radikal neu, revolutionär. Das neue Denken, das neue Sein, das neue Bewußt-Sein stellt alles in Frage, was bisher gedacht worden ist. Es versetzt dem mittelalterlichen Denken, das sich letztendlich immer dem Glauben unterordnen mußte, den tödlichen Stoß. Oft hält es sich gar nicht bei der Kritik dieses alten Denkens auf, sondern denkt unmittelbar Neues, als ob es das Mittelalter über-

Blick in das Innere einer Buchdruckerei. In einer Zeit der Erfindungen und Entdeckungen wurde auch die Kunst des Buchdrucks (um 1450) entwickelt.

haupt nicht gegeben hätte. Ein Aufschwung ohne Maß findet statt, nicht nur ein wirtschaftlicher, sondern der eines neuen Denkens und eines neuen Lebens.

Die Gesellschaftsordnung des Mittelalters beginnt sich aufzulösen. Das in den Städten entstandene Bürgertum und die absoluten Herrscher verbünden sich, sie schaffen Platz für Neues. In Italien zuerst. Die frühkapitalistische Warenwirtschaft bricht durch. Neue Produktionsformen bilden sich, der Handel von Waren und Geld wird zur bedeutenden Macht. Dieser Aufbruch braucht Erfindungen und Entdeckungen. Erfunden wird vieles, nicht nur die Kunst des Buchdrucks (um 1450). Entdeckt wird Neuland, nicht nur Amerika im Jahre 1492.

Aufbruch

Entdeckt wird vor allem der Mensch und seine zentralen Fragen: Was bin ich? Welche Stellung habe ich im Universum? Welche Ordnung herrscht in der Natur? Was kann ich wissen? Wie kann ich wissen?

Und die Philosophie, die in den vergangenen Jahrhunderten neben dem Leben gestanden hat, indem sie die letzten Fragen nicht stellen konnte, weil sie die Mauer des Glaubens nicht durchbrechen durfte, stellt jetzt Fragen nach dem Leben, steht im Leben selbst.

Was sich zuerst in Italien entwickelt hat, strahlt in der Folge auf ganz Europa aus. Hier bestimmt sich der Mensch neu. Bisher hat er in einer geschlossenen Welt gelebt, wie es das antike und mittelalterliche Bild einer endlichen und begrenzten Welt vertrat. Sein Platz war dort, wo er geboren war – bis zum Tod und zur eventuellen Erlösung durch Gott. Jetzt drängt ihn die Sehnsucht, seinen Platz im Universum zwischen Zeit und Ewigkeit selbst zu finden. Der Mensch der Renaissance ist ruhelos, er ist auf dem Weg, wie Pico della Mirandola und Giordano Bruno sagen. Er

Der Mensch der Neuzeit entdeckte sich als Teil der Natur und erforschte seine Stellung im Universum. (Kupferstich von 1570/80)

Mit dem Durchbrechen des endlichen und geschlossenen mittelalterlichen Weltbildes wurde das Universum zum Forschungsgegenstand des Menschen und der Philosophie.

will nach den Sternen greifen, sein Ziel, seine Sehnsucht ist die *Unendlichkeit*, die den Hintergrund für das eigene Existieren abgibt. Diese Unendlichkeit findet der Mensch im Kosmos, im *Universum*. Dieses Universum wird nun zum Forschungsgegenstand des Menschen und der Philosophie, dem sich symbolhaft schon Nikolaus von Kues beim Übergang vom Mittelalter zur Neuzeit gewidmet hat, indem er in der Unendlichkeit Gott vermutet hatte.

Aber die Renaissance durchbricht die Fesseln des Glaubens und akzeptiert nicht mehr so ohne weiteres einen Gott, der über allem steht; sie kennt nur einen, allen Dingen des Kosmos innewohnenden Gott. Der *Pantheismus* (Gott ist in allem) ist ein durchgehender Grundzug des Denkens der Renaissance.

Die Erforschung des Universums –
Von Kopernikus bis Galilei

Giordano Bruno (1548–1600) verkündet diese Sehnsucht des Menschen nach dem Einswerden mit der Unendlichkeit, die man bisweilen verspürt, wenn man über sich nichts als den Himmel und die Sterne hat. Es ist kein philosophisches System, das er entwickelt, er durchmißt und benennt dieses Universum, in dem der Mensch existieren will, mit seinen Gedanken.

Giordano Brunos pantheistisches Weltbild – Gott ist nicht der Ursprung der Welt, sondern allen Dingen innewohnend – brachte ihn auf den Scheiterhaufen.

Als Mitglied des Dominikanerordens muß Bruno schon früh vor der Inquisition der Kirche fliehen, die die neuen Ideen radikal verfolgt. Er geht nach Belgien, Deutschland, Paris und London, von wo er nach Venedig gelockt wird, damit man ihn festnehmen kann. In Rom wird er gefangengehalten und gefoltert, als er sich weigert, seine Ideen zu widerrufen; schließlich wird er von den kirchlichen Autoritäten öffentlich verbrannt.

In dem Raum der Unendlichkeit, dem Universum, forscht Bruno nach allen theoretischen Möglichkeiten des Seins, die es geben könnte. In seinem Hauptwerk »Über die Ursache, das Prinzip und das Eine« hat er sie niedergeschrieben. Dabei bezieht er sich auf die revolutionierende Entdeckung des Kopernikus (1473–1543), wonach nicht die Erde, sondern die Sonne, um die sich die Planeten bewegen, der Mittelpunkt der Welt sei (heliozentrisches Weltbild). Kopernikus hatte dies nur als Hypothese (gedankliche Annahme) behauptet. Aber schon allein die Gedankenkonstruktion war so revolutionär, daß man von der *Kopernikanischen Wende* spricht, die Goethe als die »größte, erhabenste, folgenreichste Entdeckung, die je der Mensch gemacht hat«, bezeichnet.

Als Ausgangspunkt seiner Betrachtungen nimmt Bruno den Anblick der Unendlichkeit, der sich dem Betrachter bietet, wenn er zum Himmel hochschaut. Dieser jedoch vermittelt nur einen Teil der Wirklichkeit: »Glauben, daß nicht mehr Planeten seien, als wir kennen, dürfte nicht viel vernünftiger sein, als wenn jemand meinte, es flögen nicht mehr Vögel durch die Luft, als er eben aus einem Fenster heraussehend hat vorüberfliegen sehen«, schreibt er und sagt damit, die gedankliche Annahme, Analogien und Bilder müßten hinzukommen, um zu wirklicher Erkenntnis zu gelangen. Eine gleiche Feststellung hatte schon Leonardo da Vinci (1452–1519) getroffen.

Bruno kommt zu dem Schluß, daß das Universum unendlich sei, bevölkert von Millionen von Systemen und ihren Planeten. Das Universum ist

Nikolaus Kopernikus machte die revolutionierende Entdeckung, daß nicht die Erde, sondern die Sonne der Mittelpunkt des Universums ist.

Rechte Seite: Der Anblick des Himmels führte Bruno zu der Annahme eines unendlichen Universums. (Donato Creti: »La Luna«, um 1700)

80

das einzig Seiende, ewig und unveränderlich. In diesem Maximum des Universums leben unendliche Minima, die alle beseelt sind von Leben und sich in Bewegung befinden. »Im Universum ist das Endliche nicht vom Unendlichen, das Größte nicht vom Kleinsten unterschieden.« Die Bewegung dieses ganzen Systems im Universum ist in allen Teilen des Ganzen, wird also nicht von außen – etwa von Gott – gesteuert. Die Welt, das Universum, ist ihr eigenes Subjekt. Gott ist lediglich allen Dingen immanent (innewohnend), als Natur der Natur, nicht als transzendentes (übernatürliches) Wesen.

Eine Erkenntnis, die die Kirche natürlich nicht akzeptieren kann und die Bruno mit dem Leben bezahlen muß. Ein *neues Weltbild* zu denken, das nicht den Ursprung in Gott sieht, ist in diesen Jahrhunderten immer noch ein Risiko auf Leben und Tod. Denken ist hier wie in vielen Zeiten gefährlich, weil es immer die Kritik am Gedachten, am Gültigen einschließt. Auch wenn die Macht der Kirche in der Renaissance schwindet, ihre Unterdrückung wird eher noch größer, was auch noch andere Beispiele zeigen werden.

Galileo Galilei

Bruno ist noch nicht der Typ des naturwissenschaftlichen Denkers, der sich ab 1600 entwickelt. Er verachtet noch die Mathematik, die für Galileo Galilei (1564–1642) und Johannes Kepler (1571–1630) das entscheidende Instrument der Erkenntnis wird.

Zwei Fragen bestimmen Galileis Forschungen. Nach welchen Gesetzen bewegt sich die Welt? Hat Kopernikus recht, wenn er behauptet, die Sonne sei der Mittelpunkt der Welt? Galilei versucht Gesetze zu entdecken, nach denen die Bewegung mathematisch erfaßbar ist. Sein Mittel dazu ist die *Anschauung* und das *Experiment*. Durch eine Versuchsanordnung, die künstliche Bedingungen in der Art der vermuteten Ursachen konstruiert, kommt er auf dem Wege der *Induk-*

Johannes Kepler

tion (Ableitung vom Einzelnen zum Allgemeinen) zu Schlüssen (Naturgesetzen), die mathematisch zu beschreiben sind.

»Die Philosophie ist in dem großen Buch niedergeschrieben, das immer offen vor unseren Augen liegt, dem Universum. Das Buch der Natur ist in mathematischer Sprache geschrieben, und die Schriftzüge sind Dreiecke, Kreise und andere Figuren, ohne deren Hilfe es unmöglich ist, auch nur ein Wort zu verstehen.«

Ausgehend davon, daß alles in Bewegung ist, macht Galilei die Bewegungen zur berechenbaren Größe, wobei ihre Gesetze mathematisch bestimmbar und beschreibbar sind. Auch die Hypothese des Kopernikus von der Bewegung der Erde um die Sonne als Zentrum beweist er, was ihn vor die Inquisition der Kirche bringt. Aber Galilei widerruft seine Erkenntnisse. Daß er dabei in den Bart gemurmelt haben soll, aber sie bewegt sich doch, die Erde, gehört wohl eher in den Bereich der Anekdote. Dieser Widerruf Galileis ist Ausgangspunkt einer bis heute anhaltenden Diskussion um die Verantwortung des Wissenschaftlers. Muß er seine Erkenntnisse der Menschheit preisgeben? Zu welchem Zweck kann er sie widerrufen, für sich behalten? Eine Diskussion, die Bert Brecht in seinem Theaterstück »Leben des Gali-

Durch Anschauung und Experiment versuchte Galilei (hier bei Fallversuchen) den Gesetzen der Bewegung auf die Spur zu kommen.

Beweis und Widerruf

83

Oben: Hinrichtung Giordano Brunos

Unten: Galilei vor dem Inquisitionstribunal

Kepler in »Harmonie der Welt«, Oper von P. Hindemith

Das mittelalterliche Weltbild des Ptolemäus, das noch die Erde als Mittelpunkt des Universums annahm, wurde in der Neuzeit durch das revolutionierende System von Kopernikus und Kepler, wonach sich alle Planeten um die Sonne als Mittelpunkt des Alls drehen, abgelöst. Wer die kirchlichen Dogmen über die Erschaffung der Welt und über Gott als ihren Ursprung und Schöpfer ablehnte und das neue Weltbild verbreitete, handelte gegen den absoluten Autoritätsanspruch der Kirche. Sie reagierte darauf mit Inquisition und Scheiterhaufen.

Ptolemäisches Weltsystem

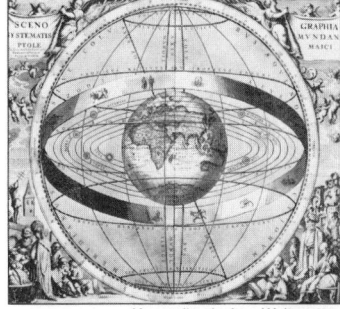

Kopernikanisches Weltsystem

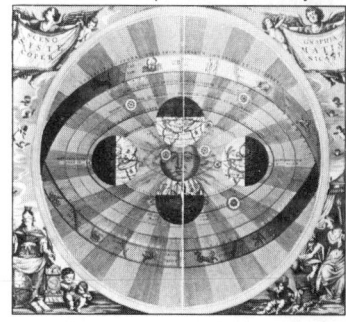

Das neue Weltbild

85

Bert Brecht aktualisierte in seinem Stück »Leben des Galilei« den Widerspruch zwischen wertfreiem Forschen und Verwertung durch die politische Macht.

lei« mit Bezug zur Gegenwart auf die Bühne gebracht hat.

Dem historischen Galilei hat immerhin sein Widerruf die Möglichkeit gegeben, seine Erkenntnisse in dem Werk »Discorsi« (Überlegungen) niederzuschreiben und so der Nachwelt zu überliefern.

Fast gleichzeitig mit Galilei versucht in Deutschland Johannes Kepler, die Meßbarkeit der Bewegung im Weltall und eine ihm innewohnende Vernunft und Harmonie des gesamten Planetensystems nachzuweisen. Dabei findet er die grundlegenden Gesetze der Planetenbewegung, die »Keplerschen Gesetze«. Wie schon der Grieche Pythagoras sieht Kepler eine enge Verbindung zwischen der Mathematik und der Musik. Da jeder Planet in seinem Umlauf einen Ton singe, glaubt er, die Harmonie des Weltalls drücke sich in einer Art Sphärenmusik aus. Diese Harmonie ist eine in sich selbst. Sie wird nicht mehr von den Intentionen Gottes gelenkt, sondern Kepler folgt dem Zeitgeist, wenn er sagt: »Alles ist des Menschen wegen da.«

Wissen ist Macht über die Natur – Bacon

Der Mensch vermag so viel wie er weiß, sagt der englische Philosoph und Staatsmann Francis Bacon (Baco von Verulam; 1561–1626). Erst durch *Wissen* ist er in der Lage, die Natur zu beherrschen, seine Welt zu gestalten, denn »Wissen ist

Titelkupfer der Schrift »Instauratio magna« (Die große Erneuerung der Wissenschaften) von Francis Bacon mit dem Motto: »Viele werden hindurchfahren und das Wissen wird sich vermehren«. »Hindurchgefahren« werden soll durch die Säulen des Herkules (Straße von Gibraltar), um die Grenzen der Welt des Altertums und Mittelalters zu überwinden.

Macht«. Bevor der Mensch wissen kann, muß er sich erst aller Vorurteile und Trugbilder (Idole) entledigen. »Diese Idole haben den menschlichen Verstand in Besitz genommen und wurzeln tief in ihm.« Der menschliche Verstand sei wie ein Spiegel, der mit der Zeit trübe geworden ist. Erst wenn er gereinigt ist, wird man in ihm alles erblicken können.

Die einzige verläßliche Quelle für die Wahrheit ist für Bacon die *Erfahrung* (Beobachtung und Experiment). Von der Erfahrung ausgehend, kann der Mensch durch *Induktion* (d. h. vom Einzel-

> **!** Gestärkt durch ein neues Selbstbewußtsein, das der Mensch in der Renaissance gewonnen hat, glaubt er seine Welt gänzlich erkennen zu können. Er geht davon aus, daß er soviel vermag, wie er weiß. Francis Bacon drückt es mit der Formel »Wissen ist Macht« aus. Der unbedingte Drang des Menschen, wissen zu wollen, prägt das 17. Jahrhundert und die erste Hälfte des 18. Jahrhunderts. Die Formel »Wissen ist Macht« ist auch Ausgangspunkt einer Bestrebung des Menschen, sich seine Welt und die Natur gefügig zu machen, sie zu gestalten. So ist die Renaissance zum Aufschwung von Erfindungen und Entdeckungen, naturwissenschaftlicher Forschungen, Techniken und der Warenproduktion geworden.

nen, Besonderen zum Allgemeinen) zur Erkenntnis der Gesetze, die die Natur bestimmen, fortschreiten.

Galilei, Kepler und andere haben praktische Erforschung des Universums betrieben, Bacon gibt der Naturwissenschaft ein Werkzeug, eine Methode an die Hand, das »Novum Organum«, die »Neue Lehre von der Methode«, wie er seine Hauptschrift nennt.

Der Weg der Wissenschaft, besonders der der Naturwissenschaft, ist somit praktisch und methodisch betreten, neue Fragen können beantwortet werden.

Neuzeitliche Staatsphilosophen – Thomas Morus und Machiavelli

Das Neue, das in der Renaissance sich Bahn gebrochen hat, das neue Bild vom Menschen und der Welt, drückt sich auch in einigen Modellen des Zusammenlebens, in der Staatsphilosophie aus.

Thomas Morus

Rechte Seite:
Der Holzschnitt
zeigt die
Titelseite des
Romans
»Utopia«, in
dem Thomas
Morus das
Modell einer
neuen
Gesellschaft
entwarf.

»Utopia« (Nirgendsland) heißt ein Roman des englischen Philosophen Thomas Morus (1478–1535), in dem er das Modell einer neuen Gemeinschaft entwirft. Ausgehend von der Kritik an der existierenden Gesellschaft, deren Hauptübel der Gegensatz zwischen dem Reichtum der Müßiggänger und der Armut des Volkes ist, fordert er eine Gesellschaft absoluter Gleichheit. Sie allein kann die Würde des Menschen begründen. Abschaffung des Geldes, Gemeinbesitz, ein Arbeitstag von sechs Stunden, kein Krieg, Freiheit der Religion sind wesentliche Punkte einer Idealgesellschaft, die der Entdeckung, daß alles des Menschen wegen existiere, Rechnung tragen will. Die Insel »Utopia« wird Morus zum Verhängnis. Eine absolute Gleichheit unter den Menschen kann ein absoluter Herrscher wie Heinrich VIII. nicht akzeptieren. Er läßt Thomas Morus kurzerhand enthaupten.

Weitaus mehr an den Realitäten orientiert und den herrschenden politischen Verhältnissen entsprechend ist da schon das Modell eines Staates, das Niccolò Machiavelli (1469–1527) entwickelt. Es ist ein völlig weltlicher Staat, der alle Verweise auf den Staat Gottes des Mittelalters verwirft. Er unterwirft aber auch die Moral der Politik, die von einem starken Individuum, einer Persönlichkeit – dem Fürsten »Il Principe« –, ausgeübt wird und den Zweck verfolgt, Selbsterhaltung und Machtsteigerung des Staates als Wert politischen Handelns zugrunde zu legen. Machiavelli gibt damit den absoluten Herrschern ein theoretisches Werkzeug in die Hand, das sie nach Belieben benutzen können. »Auf dem Klavier der kalten Macht spielen und trotzdem ein schönes Stück hervorbringen zu können«, so charakterisiert der deutsche Philosoph Ernst Bloch die Politik des Machiavelli.

Befreit die Renaissance auf der einen Seite den Menschen aus den gedanklichen Fesseln des Mit-

Cuitas Altioront

fours attydu

Diui Amedu

91

telalters, so bringt sie ihn auf der anderen Seite
auch in politische Abhängigkeit von den absoluten Herrschern. Diese Abhängigkeit wird bis zur
Französischen Revolution und teilweise noch län-
ger andauern. Die innere Freiheit des Denkens bedeutet nicht gleichzeitig eine äußere Freiheit des
Existierens.

Lesehinweis

Burckhardt, Jacob: *Die Kultur der Renaissance in Italien*, Stuttgart 1976

Galilei, Galileo: *Unterredungen*, Darmstadt 1973

Kepler, Johannes: *Weltharmonik*, München 1973

Machiavelli, Niccolò: *Discorsi*, Stuttgart 1977

Machiavelli, Niccolò: *Der Fürst*, Stuttgart 1978

Pico della Mirandola: *De dignitate hominis*, It./dt., Wiesbaden 1968

Vernunft und Erfahrung als Quelle von Erkenntnis

Das Saatgut der Renaissance, die Entdeckung eines neuen Selbstbewußtseins des Menschen, geht in den folgenden Jahrhunderten auf. Dieses Selbstbewußtsein äußert sich vor allem im unbedingten Willen zu erkennen, im Drang nach einer inneren Freiheit des Denkens, während die äußere durch die Ordnung der Gesellschaft weiterhin eingeschränkt ist.

Der Mensch ist auf dem Weg zum Ich, zum Selbst-Bewußtsein. Dieses Ich will alles wissen, will Wahrheit, will Gewißheit. Alle Fragen, die sich die Menschen in ihrer Geschichte bisher gestellt haben, sollen beantwortet werden. Alle bisherigen

Empirismus und Rationalismus – Das faustische Suchen nach Erkenntnis ist beiden gemeinsam.

93

Antworten werden verworfen. Das Ich macht sich frei von allen Trugbildern, allen Idolen. So formuliert es der englische Philosoph Francis Bacon.

Sein kann nur, was ich denke – Descartes

René Descartes, der es als seine Aufgabe ansah, »alles von Grund auf umzustürzen und von den ersten Fundamenten aufs neue zu beginnen«.

Im Frankreich des 17. Jahrhunderts ist es René Descartes (1596–1650), der aufräumt mit allem, was vorher gedacht worden ist. Seine Absicht ist es, »alles von Grund auf umzustürzen und von den ersten Fundamenten aufs neue zu beginnen«. Descartes zweifelt an allen bisherigen Erkenntnissen. Gleichzeitig ist er sich aber sicher, daß es die Wahrheit gibt, daß man sie erkennen kann. Auf welchem Weg aber gelangt man zu ihr? Wie kann ich Gewißheit erhalten? Descartes sagt sich: Ich kann an allem zweifeln, aber ich kann nicht daran zweifeln, daß ich zweifle. Mein Denken kann alles anzweifeln, nur nicht, daß, indem ich zweifle, mein Denken existiert. »Denn es ist ein Widerspruch, daß das, was denkt, in dem Zeitpunkt, wo es denkt, nicht bestehe.« Meine erste Gewißheit ist also die, daß ich denke. Descartes berühmter Schluß daraus heißt: »Ich denke, also bin ich« (Cogito, ergo sum), somit setzt er als oberstes Prinzip das *denkende Bewußtsein*. Diese Gewißheit wird zum Ausgangspunkt seiner gesamten Philosophie.

Ist es bei Bacon das von Trugbildern gereinigte *Wahrnehmen* und *Sehen* wie der Blick in einen gesäuberten Spiegel, die Erkenntnis ermöglichen, so ist es bei Descartes der durch den Zweifel an allem bisher Gedachten gereinigte Kopf, der *Verstand*, der Erkenntnis möglich macht. Während für Bacon die Sinneswahrnehmung Quelle des Erkennens ist, ist für Descartes jede sinnliche Wahrnehmung möglicherweise eine Sinnestäuschung. Daß der Mensch spazierengeht, kann er sich im

Traum einbilden, aber daß er denkt, dessen kann er sich gewiß sein. Nur das, was klar und deutlich gedacht werden kann, existiert und ist so als Ausgangspunkt für Erkenntnis, als Kriterium der Gewißheit anzusehen. Dabei faßt jedoch Descartes den Begriff des Denkens sehr weit, denn er beinhaltet jeden Bewußtseinsakt, wie z. B.: verstehen, wahrnehmen, fragen, bejahen, verneinen, empfinden.

Die für ihn entscheidende Entdeckung gewinnt René Descartes während des Kriegsdienstes als Offizier im Dreißigjährigen Krieg, und zwar während eines Winterquartiers in Neuburg an der Donau im Jahr 1619. Hier geht ihm »das Licht einer wunderbaren Entdeckung« auf: die Einsicht des cogito, ergo sum. Descartes, der Sohn einer adligen Familie, entschied sich zu diesem Kriegsdienst nach einer traditionellen Ausbildung an der Jesuitenschule und einem abgebrochenen Studium der Rechtswissenschaften in Paris, um »kein

Die Architektur im Frankreich des 17. Jahrhunderts (hier das Versailler Schloß) verbildlicht das übersichtliche und gradlinige Denken des Rationalismus.

anderes Wissen fürderhin zu suchen als das, was sich in mir selbst und im großen Buch der Welt finden möchte«.

Bald zieht Descartes sich von seiner militärischen Laufbahn zurück, um sein Denken niederzuschreiben. Ab 1628 geht er nach Holland. Kurz vor seinem Tod im Jahr 1650 folgt er einer Einladung an den schwedischen Königshof in Stockholm.

»Der Zweifel ist also das erste Prinzip der von mir gesuchten Philosophie.« Es ist aber nicht der Zweifel, der zur Skepsis führt, sondern der allein dadurch, daß er alles vorher Gedachte kritisiert, produktiv ist. Er ist der Weg zur Erkenntnis und wird so auch der *methodische Zweifel* genannt. Diese Methode besteht darin, den Zweifel so lange gelten zu lassen, bis sich irgendein Sachverhalt findet, der jedem Zweifel widersteht. Wenn schrittweise alle Bereiche der natürlichen Erkenntnis ausgeschaltet sind, die noch die Möglichkeit des Zweifelns zulassen, so entsteht die *Gewißheit*, die absolute Selbstgewißheit als völlig zweifelloser Fall einer echten Evidenz: diese Evidenz bricht den Zweifel. Die unmittelbare Anschauung – klar und deutlich muß sie sein – einer Sache überzeugt den Menschen davon, daß sie so ist, wie er sie beurteilt. *Klarheit* und *Deutlichkeit* sind also die allgemeinen Kriterien für die Gewißheit von Wahrheit. So führt eben die klare und deutliche Anschauung, *daß ich denke,* zu der Überzeugung, zu dem Urteil, *daß ich bin.* Ist dieser Punkt der klaren Anschauung erreicht, ist die Tatsache bewiesen. Es ist also allein die Tätigkeit der *Vernunft* (Ratio), die zu Erkenntnis führt.

Unwillkürlich ergibt sich aber da die Frage: Wie kommt der Mensch zur klaren Anschauung? Descartes verweist da auf Ideen, die schon im Menschen vorhanden sind, und zwar als objektiver Erkenntnis- und Vorstellungsgehalt in unserem Bewußtsein. Diese Ideen existieren in dreifa-

Rechte Seite: Descartes' Prinzip »Ich denke, also bin ich« (cogito, ergo sum) bewies die Existenz eines denkenden Bewußtseins. (Rodin: »Der Denker«)

cher Art: Erstens gibt es die angeborenen Ideen, zweitens die fremden Ideen, die von außen kommen, und zum dritten die von mir gebildeten Ideen. Die Gesamtheit dieser Ideen ergibt den Hintergrund, auf dem etwas klar und deutlich als Evidenz (Gewißheit) erscheinen kann. Es entsteht »das natürliche Licht« (lumen naturale), das den Menschen deutlich sehen und erkennen läßt.

100%ige Gewißheit

Was aber, so fragt der letzte verbliebene Zweifel in Descartes, wenn irgendein böser Geist uns falsche Gewißheit gibt, uns täuschen will? Hier baut sich Descartes selbst eine Brücke, die wieder auf Gott zurückführt, um letzte Gewißheit zu begründen. Zu den angeborenen Ideen gehöre auch die *Idee eines Gottes*. Da der Mensch ihn denken kann, existiert er auch, und da er als vollkommen und gut gedacht wird, wird er nicht wie ein böser Geist handeln und uns falsche Gewißheit geben.

Rationalismus – Empirismus

In der Gewißheit, alles erkennen zu können, findet der vor Selbstbewußtsein strotzende Mensch zwei Wege der Erkenntnis. Der Rationalismus (ratio = Vernunft) geht davon aus, daß das Denken, die Vernunft, die einzige Quelle der Erkenntnis ist. Die Tätigkeit der Vernunft als grundlegende Kraft des Denkens vermeint die Gesetze der Welt auf dem Weg der *Deduktion* (Schluß vom Allgemeinen zum Besonderen) als gültige Wahrheit zu bestimmen. Descartes, Spinoza und Leibniz sind die Philosophen, die auf die Vernunft als Quelle der Wahrheit bauen.

Der Empirismus leitet alle Erkenntnis aus der sinnlichen Erfahrung und Wahrnehmung ab, die als Grundlage dienen, um durch das wiederholbare Experiment auf dem Weg der *Induktion* (Schluß vom Besonderen zum Allgemeinen) zu gültiger Wahrheit zu kommen.

Locke, Hume und Berkeley sind die hauptsächlichen Vertreter des Empirismus.

Gott gibt also letztendlich der menschlichen Vernunft die Hilfestellung, die sie braucht, um sich nicht doch wieder in den Zweifel zu stürzen.

Was ist aber nun mit dem *Körper* des Menschen, wenn das Denken, also der Geist, das Sein bestimmt? Ein Problem bleibt Descartes also noch. Er versucht es zu lösen, indem er sagt, es gibt zwei Substanzen, nämlich Geist und Körper, die scharf voneinander getrennt sind. Die Natur der geistigen Substanz ist das Denken, die Natur der körperlichen Substanz ist »die Ausdehnung in die Länge, Breite und Tiefe«. Da Descartes natürlich sieht, daß beide, Seele und Körper, im Menschen eine Einheit bilden, gesteht er ihnen eine Wechselwirkung zu. Aneinander angeschlossen sind Seele und Körper an der Zirbeldrüse im Gehirn, von wo aus sie sich gegenseitig antreiben. Dieser von Descartes festgestellte *Dualismus* (Zweiheit) von Geist und Körper wirkt noch einige Zeit nach, wird aber von Spinoza kritisiert, indem er nur eine Substanz anerkennt. Er bezeichnet aber auch den Dualismus von Denken und Wahrnehmen, von Rationalismus und Empirismus, der für die europäische Philosophie bis Kant kennzeichnend sein wird.

*Dualismus –
Geist – Körper*

Sein kann nur, was ich wahrnehme – Locke, Berkeley, Hume

Sein kann nur, was ich denke, sagt der Rationalismus Descartes'. Sein kann nur, was ich wahrnehme, sagt der Empirismus, der von Bacon ausgeht und besonders die englische Philosophie prägt. Die Fragen aber, die beiden Richtungen der Philosophie zugrunde liegen, sind die gleichen: Wie und was kann ich wissen? Wie gelange ich zur Erkenntnis? In dem unbedingten Willen des Menschen der Neuzeit, zu wissen, setzen die einen auf die *Vernunft* und behaupten, ohne auf die Erfah-

Das Tor zur ewigen Weisheit. Im unbedingten Willen zu erkennen, drang der Mensch voran. (Kupferstich, 1609)

rung angewiesen zu sein, könnten sie Erkenntnis von Welt gewinnen. Demgegenüber behaupten die Empiristen: Gerade die *sinnliche Erfahrung* ist die Quelle für Wissen. Die drei wichtigen Empiristen nach Bacon sind im 17. und 18. Jahrhundert in England John Locke, George Berkeley und David Hume, deren Wege des Erkennens hier kurz nachgezeichnet seien.

100

John Locke (1632–1704) legt in seiner Schrift »Versuch über den menschlichen Verstand« (1690) die Grundzüge des empirischen Wissens dar. Das Bewußtsein des Menschen sei ursprünglich wie ein unbeschriebenes Blatt. In ihm gebe es auch keine angeborenen Ideen wie bei Descartes. Erst die Wahrnehmung hinterlasse Spuren wie Schriftzüge auf diesem Blatt. So könne ein Kind lange bevor es einen logischen Gedanken äußere, zwischen bitter und süß unterscheiden. Dieses Wissen kann aber nur aus der Erfahrung stammen. Zwei Arten der Erfahrung gibt es nach Locke: die der Sinnesempfindung (sensation), die die Wahrnehmung der *äußeren* Dinge ist, und die der Wahrnehmung der inneren Vorgänge, der inneren Selbstbeobachtung (reflextion). »Nichts ist im Verstand, was nicht vorher in den Sinnen gewesen sei« ist ein Kernsatz des Empirismus. Aus den sinnlichen Wahrnehmungen entstehen direkt die einfachen Ideen, wie Farbe, Töne, Gestalt, Bewe-

John Locke (oben) vertrat die Ansicht, daß die Wahrnehmung die Quelle der Erkenntnis ist: »Nichts ist im Verstand, was nicht vorher in den Sinnen gewesen sei.«

gung oder Erinnern und Wollen. Die zusammengesetzten (komplexen) Ideen kann nur der Verstand aus diesen Wahrnehmungen bilden. Zu ihnen gehören die der Substanz, der Eigenschaften des Raumes und der Zeit und des Geistes sowie der Beziehungen untereinander. Diese Ideen sind jedoch noch keine Erkenntnis. Sie setzt erst ein auf Grund von Urteilen, die entweder der intuitiven Anschauung oder dem demonstrativen Beweis entstammen. Ausgangspunkt aller Erkenntnis ist zwar die Erfahrung, aber die Verarbeitung ist aktive Arbeit des Verstandes. Dabei ist sich Locke, anders als die Rationalisten, die davon ausgehen, alles wissen und erklären zu können, sicher, daß die menschliche Erkenntnis Grenzen hat, sie die Fragen nach dem letzten Grund von Sein nicht beantworten kann.

Sein ist Wahrgenommenwerden

Der irische Philosoph George Berkeley (1685–1753), Bischof von Cloyne, geht ebenso wie Locke davon aus, daß nur die Wahrnehmung Quelle der Erkenntnis ist, leugnet aber den materiellen (körperlichen) Charakter der Dinge. Die gesamte Außenwelt, die der Mensch wahrnimmt, so behauptet er, bestehe nur als Idee, das gesamte Sein existiere nur in ihrem Wahrgenommensein. So gebe es auch keine abstrakten Ideen, sondern nur solche, die den Ursprung in der Wahrnehmung haben. Er gibt als Beispiel an, daß sich der Mensch ein Dreieck nicht gänzlich abstrakt als das Dreieck »an sich« vorstellen könne, sondern nur als das bestimmte Dreieck, was er einmal wahrgenommen hat. Die Frage, was nun Wahrheit sei, ist so gar nicht beantwortbar, denn alles existiere nur als *Vorstellung*.

Ein weiterer Vertreter des Empirismus ist der aus Edinburgh stammende Schotte David Hume (1711–1776). Er beschränkt das Denken des Menschen allein auf das Vermögen, das, was der Mensch wahrnimmt, zu verbinden und zu erweitern. Nur so können Ideen entstehen, die durch die Tätigkeiten des Denkens miteinander verbunden werden. Die Ideen, also die Vorstellungen sind jeweils nur die Abbilder oder die Verknüpfung von Abbildern unserer Wahrnehmung. Die letzten Gründe dessen, was der Mensch wahrnimmt, kann er nicht erfahren. Er weiß nur, daß alles, was geschieht, eine Ursache hat. Hieraus ergibt sich ein »gemäßigter Skeptizismus«, wie Hume die Haltung des Menschen nennt, der nicht alles wissen kann, aber tolerant und offen ist für jegliche Erfahrung.

Nach David Hume besteht die Tätigkeit des Denkens allein darin, Wahrnehmungen zu verbinden und zu erweitern.

Der Empirismus behauptet sich neben dem Rationalismus als Weg der Erkenntnis, bis beide Richtungen durch Kant eine gewisse Vereinigung erfahren. Im 19. und 20. Jahrhundert wird der Empirismus zur Grundlage für bestimmte Entwicklungen in der Philosophie und den Naturwissenschaften.

Erkenntnis führt zu Freiheit – Spinoza

Gesteht der Empirismus ein, daß der Mensch nicht alles erkennen kann, so gilt für den Rationalismus unabänderlich der unbedingte Drang nach und die Möglichkeit von Erkenntnis des gesamten Seins.

Der Mensch vermag so viel wie er weiß, hat Bacon gesagt. Weiß er alles, so hat er Freiheit erlangt und reicht an die Unendlichkeit und Ewigkeit heran. Mit dieser Feststellung schließt die Erkenntnis des Baruch de Spinoza (1632–1677). In seiner »Ethik« zeigt Spinoza dem Menschen den Weg zu diesem Ziel auf. Aber nur derjenige, der bereit ist, ihn wirklich zu gehen, wird zu einer völligen Freiheit und zu der Fähigkeit gelangen, sie für ewig auszuüben.

Spinoza

»Wenn nun auch der von mir gezeigte Weg, der dahin führt, überaus schwierig scheint, so kann er doch gefunden werden. Und wohl muß eine Sache recht schwierig sein, die so selten angetroffen wird. Denn wie sollte es geschehen, wenn das Heil so leicht zur Hand wäre, und ohne viel Mühe gefunden werden könnte, daß es dennoch fast von jedermann vernachlässigt wird? – Doch alles Vortreffliche ist ebenso schwierig wie selten.«

Die »Ethik« Spinozas ist vielleicht eine der radikalsten Beschreibungen von individueller Freiheit des Menschen. Diese innere Freiheit hat sich Spinoza selbst trotz aller Anfeindungen und Verlockungen immer erhalten können.

Innere Freiheit

Geboren als Sohn einer aus Portugal nach Holland eingewanderten jüdischen Familie, wird er in jungen Jahren schon aus der jüdischen Gemeinde Amsterdams verwiesen, weil er Gottesvorstellungen hat, die mit dem jüdischen Glauben nicht übereinstimmen. Spinoza aber vertritt weiter unerbittlich die Toleranz in religiösen Dingen, die Denk- und Redefreiheit und die Bibelkritik, was ihm viele Feinde in allen kirchlichen und politischen Kreisen einbringt. Und doch ist Holland in dieser Zeit der Kriege und Katastrophen in Europa eine einsame Insel, ein unabhängiger Staat mit starkem wirtschaftlichen Wachstum. Es gilt als Ausdruck des modernen Lebens. Die Religionsfreiheit und die Gleichheit aller vor dem Recht zieht Verfolgte aller Länder an.

Holland ist das einzige Land, das die revolutionären Ideen der Renaissance weiterführt, besonders in den Jahren des liberalen Regierungschefs Jan de Witt, mit dem Spinoza befreundet ist. Das radikale Denken Spinozas wäre wohl in jener Zeit nirgends als in Holland überhaupt möglich gewesen. Dennoch wird er unablässig bedrängt und beschimpft. Spinoza ist der Ausgestoßene, der Außenseiter, aber einer, dessen Absicht es auch ist, diese Position einzunehmen, weil er von außen am besten den Blick auf das gesamte Sein richten kann. Seinen Lebensunterhalt verdient er mit dem

Schmähungen

Linsenschleifen. Die Optikerwerkstatt ist gleichzeitig eine Werkstatt des Denkens. Sie ist das Asyl des selbstgewählten Exils, das er braucht, um das, was er denkt und den Menschen sagen muß, in einem kurzen Leben – Spinoza stirbt mit 44 Jahren an Schwindsucht – niederschreiben zu können.

Ein erster Blick in das Hauptwerk Spinozas, in die »Ethik« (1675), regt sicher nicht spontan zur Lektüre an. Die Leidenschaftlichkeit seines Denkens verbirgt sich hinter dem strengen rationalen Aufbau des Werkes: Eine Definition folgt der anderen. 44 Lehrsätze mit Beweisen, Erläuterungen, Folgesätzen lassen einen methodischen Denker ahnen. Das Sicheinlassen auf diese Art des Denkens fordert Spinoza vom Menschen, will er den Weg zur Freiheit betreten. Diese Ethik des Spinoza ist keine des Sollens, die mit Belohnung lockt, sondern eine, die den Weg zu Wissen zeigt und die Tugend in der Erkenntnis beschreibt. »Glückseligkeit ist nicht der Lohn der Tugend,

*Die Optiker-
werkstatt
Spinozas:
hierhin zog sich
der Philosoph
zurück, sie
wurde ihm
zur Werkstatt
des Denkens.*

105

Baruch de Spinoza
*1632 Amsterdam, †1677 Den Haag

Baruch de Spinoza sieht im radikalen Gebrauch der Vernunft die Möglichkeit, den Menschen herauszuführen aus der Ohnmacht gegenüber sich selbst und gegenüber der Welt auf einen Weg, der zur Freiheit führt. Die Freiheit im Vermögen und Erkennen gibt dem Menschen die Chance, Ewigkeit zu erlangen und seine Sehnsucht, mit der Unendlichkeit eins zu werden, zu stillen.

sondern die Tugend selbst«, heißt es in ihr. Wie der mathematische Aufbau des Buches, so ist auch die Art des Denkens die der *mathematischen Methode.* Spinoza geht aus von Definitionen, Lehrsätzen als klaren Vorstellungen (Axiomen).

Methodisches Vorgehen

Als Beispiel sei genannt: »Es existiert nichts, aus dessen Natur nicht irgendeine Wirkung folgte.« Von dieser Feststellung wird sodann alles ausgeschlossen, was dem definierten Inhalt fremd ist, um zu einer nächsten Vorstellung zu gelangen, die sich gegen ein Vorurteil absichert. Das heißt, die Vorstellung muß das Wesen oder die Ursache enthüllen. Diese Methode der *Deduktion* (Ableitung vom Allgemeinen her) gelangt so zu den Gesetzen des Seins, der Natur, aus denen dann die Wesenheit der existierenden Einzeldinge gefolgert wird.

Ein komplizierter Denkvorgang, eine reine Operation des Verstandes liegt hier vor, die nur funktioniert, wenn man das oberste Axiom als gesetzt akzeptiert. Spinoza sagt, daß diese Denkoperation nur für den Menschen möglich ist, der »nicht an Vorurteilen krankt«, also einen gereinigten Kopf hat. Dennoch ist die völlige Subjektivität dieser Denkmethode sicher anfechtbar, weil auf den ersten Blick dieselbe Feststellung für den einen Menschen klar, für den anderen aber undeutlich sein kann. Was sie und damit Spinoza aber hauptsächlich lehrt, ist, einen Gedanken zu Ende zu denken, nirgends haltzumachen in der denkenden Kritik. Denken aber die Menschen bis zu Ende, lassen sie nichts aus, machen sie vor keinem Vorurteil, Gefühl oder Gedanken halt, so müssen sie auch eine neue Ordnung installieren, weil ein radikales Denken immer eine Kritik am Bestehenden ist.

Radikales Denken

»Unter gut werde ich das verstehen, wovon wir gewiß sind, daß es uns nützlich ist . . . Tugend ist die Wesenheit des Menschen oder seine Natur selbst, sofern es in seiner Gewalt steht, etwas zu bewirken, was durch die bloßen Gesetze seiner Natur eingesehen werden kann«, stellt Spinoza in der »Ethik« fest und zieht daraus den Schluß, daß die Gesellschaft und der Staat anders aufgebaut sein müssen. Wenn der Mensch seine Ignoranz aufgegeben hat, setzt er nämlich auf das Sein selbst und nicht auf die Moral des Seinsollens. Im »Theologisch-politischen Traktat« (1670) schreibt Spinoza: »Der letzte Zweck des Staats ist nicht zu herrschen, noch die Menschen in Furcht zu halten oder sie fremder Gewalt zu unterwerfen, sondern vielmehr den einzelnen von der Furcht zu befreien, damit er so sicher als möglich leben und sein natürliches Recht zu sein und zu wirken ohne Schaden für sich und andere vollkommen behaupten kann.« In dieser Schrift hatte Spinoza sich eine zentrale Frage gestellt, die man mit Recht noch heute mit der gleichen Verwunderung stellen kann: Warum setzen sich die Menschen oft so vehement für »ihre« Unfreiheit ein, als würde es sich um ihre Freiheit handeln? Diese Fragestellung und die Antworten, wie die Menschen zur Freiheit gelangen können, machen Spinoza für viele, gerade unabhängige Denker, heute so spannend. So hat der Italiener Antonio Negri sein Buch »Die wilde Anomalie« Spinoza gewidmet. Hier zeigt er Spinoza als den unabhängigsten Denker der neuzeitlichen Philosophie, der nicht

Anweisung zur individuellen Freiheit

In seiner
»Ethik«
beschrieb
Spinoza Wege
und Ziele zur
individuellen
Freiheit des
Menschen.

das Normale denkt, sondern radikal das, was anormal ist, was den Bruch zum verordneten Sein darstellt, das aber den Weg zur Freiheit verbaut. Spinoza ist der Denker einer Freiheit, die der Mensch aus einem Recht in der Natur, nicht aus einem geschriebenen Gesetz, aus seiner eigenen Fähigkeit, nicht aus der Macht gewinnt.

Galilei hatte gesagt, daß die Philosophie im Buch der Natur niedergeschrieben sei. Spinoza folgt ihm da gewissermaßen, indem er davon ausgeht, daß es nur eine einzige Substanz gibt, nämlich die Natur. Sie ist allumfassend und ewig. »Substanz ist das, was in sich ist und durch sich begriffen wird.« Sie ist wie Gott. Diese Gleichsetzung von Gott und Natur ist der äußerst mögliche *Pantheismus* (die Welt ist in Gott), der denkbar ist. Schopenhauer sagt vom Pantheismus, daß er die höflichste Art sei, Gott aus dem Verkehr zu ziehen, bezeichnet ihn also als eine Form des Atheismus. Dieses könnte auch Spinoza mit seiner Bemerkung meinen, daß Gott bisweilen das Asyl der Ignoranten sei. Die Substanz Natur-Gott hat unendlich viele Attribute, von denen nur zwei, Geist und Körper, benennbar sind. Alle anderen Dinge, alle Ideen sind nur Modi (Arten) oder Ausdruck dieser einzigen Substanz. Je mehr Einzeldinge der Mensch erkennt, desto näher ist er der Natur, der Kenntnis ihrer Ordnung und seiner eigenen Fähigkeiten. Voraussetzung für dieses Erkennen des Menschen ist, daß er nicht den Affekten (Gefühlen) wie Begierde, Freude, Trauer und von diesen abstammend Haß und Liebe unterliegt. »Denn die menschliche Ohnmacht im Mäßigen und Bezwingen der Affekte nenne ich unfrei.« Unterliegt der Mensch aber nun diesen Affekten, so ist er passiv, leidend. Tätig kann er allein durch den Verstand werden. Er verscheucht die Affekte, schafft klare Ideen und die Kraft, die er braucht, um zu erkennen und sich so auf den Weg zur Freiheit zu begeben.

»Existieren ist vermögen können« heißt es in der Anmerkung zum 11. Lehrsatz der »Ethik«. Diese Freiheit im Vermögen und Erkennen ist auch die Freiheit der Ewigkeit und die Freiheit, eins zu werden mit der Sehnsucht des Menschen nach Unendlichkeit. Erreicht haben das diejenigen, »deren größter oder hauptsächlicher Teil ewig ist, und zwar derart, daß sie den Tod kaum zu fürchten brauchen«. Spinoza hat hiermit die radikalste, größtmögliche Freiheit gedacht, wozu sein Hauptwerk, die »Ethik«, all denen den Weg aufgezeigt, die sich zur Erkenntnis der Wahrheit, der höchsten Stufe der Freiheit, entschlossen haben.

Alles, was ist, ist in Gott

Der Mensch als Spiegel des Universums – Leibniz

In ihrem Drang nach Erkenntnis hat die Philosophie in Europa zwei Wege zu ihr gefunden, die streng voneinander getrennt sind. Der eine Weg geht von der sinnlichen Wahrnehmung aus, um dann durch den Verstand Schlüsse zu ziehen (Empirismus). Dabei gesteht er ein, daß nicht alles Sein erkennbar sei. Der andere Weg behauptet, daß nur die Vernunft Aussagen über den Zusammenhang allen Geschehens treffen kann. Dieser Rationalismus gibt vor, das gesamte Sein erkennen zu können, geht dabei aber immer, wie wir bei Descartes und Spinoza gesehen haben, von Setzungen des Denkens aus, die erst einmal akzeptiert werden müssen, aber, so sollte man meinen, auch Widersprüche in sich bergen müßten. Widerspruch aber schließt der Rationalismus aus, indem er meint, mit Hilfe der mathematischen Methode jeden Widerspruch lösen zu können und das gesamte Sein als Homogenität auffaßt. Beide Wege des Erkennens werden in der Folgezeit, besonders im Jahrhundert der Aufklärung, der Kritik ausgesetzt sein.

Vor diesem 18. Jahrhundert der Aufklärung gibt es aber einen Philosophen, der versucht, beide Wege der Erkenntnis einander anzunähern, aber im wesentlichen in der Tradition der konstruierten Denksysteme der Rationalisten bleibt. Es ist der deutsche Philosoph Gottfried Wilhelm Leibniz (1646–1716). Er unterscheidet zwei Arten von Wahrheiten, die *Vernunftwahrheiten* (vérités de raison), die nur durch das Denken aufgefunden, und die *Tatsachenwahrheiten* (vérités de fait), die durch die sinnliche Wahrnehmung erkannt werden können. Dem Satz der Empiristen »Es gibt keine Erkenntnis außer der sinnlichen« setzt Leibniz entgegen: »aber nur, wenn der Verstand schon präsent ist«. Vor der sinnlichen Erkenntnis

Gottfried Wilhelm Leibniz – vielseitiger, brillanter Gelehrter, Philosoph und Diplomat.

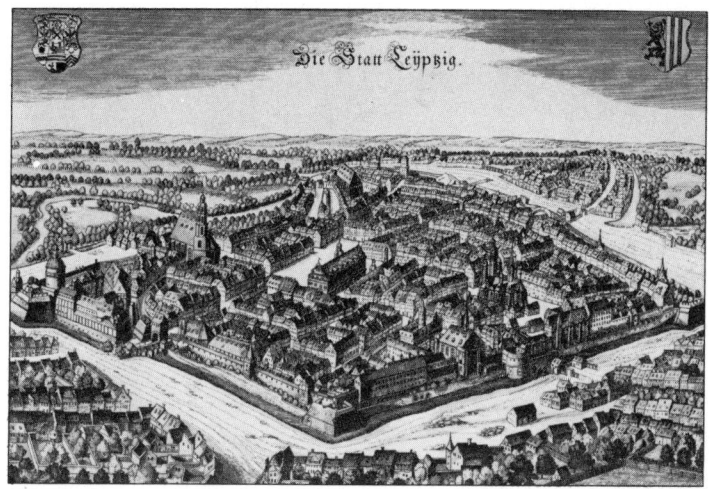

müssen also schon Strukturen des Denkens vorhanden sein. Quelle der Erkenntnis ist die Seele
des Menschen, die eine Kombination des »klar
fließenden« Verstandes und des »trübe fließenden« Sinns darstellt. Erst die denkende Seele
schafft Erkenntnis.

In seiner Kindheit gilt Leibniz schon als Wun-
derkind. Mit 15 Jahren besucht er die Universität,
sechs Jahre später bietet man ihm eine Professur
an, die er aber ablehnt. Das stille Gelehrtenleben
ist nichts für ihn, er sucht das Getriebe der Welt.
Leibniz tritt in den diplomatischen Dienst des
Mainzer Kurfürsten, für den er in Paris verhan-
delt. Dabei widmet er sich aber vor allem dem Studium der französischen Philosophen. In London
lernt er die empirische Philosophie kennen, in
Holland diskutiert er mit Spinoza. Dabei studiert
Leibniz die Philosophie der Rationalisten und der
Empiristen sehr gründlich. – Nach Deutschland
zurückgekehrt, ist er bis zu seinem Tod im Jahr
1716 Bibliothekar und Hofrat in Hannover.

*Leipzig –
zeitgenössischer
Kupferstich der
Geburtsstadt
des Philosophen
Leibniz.*

111

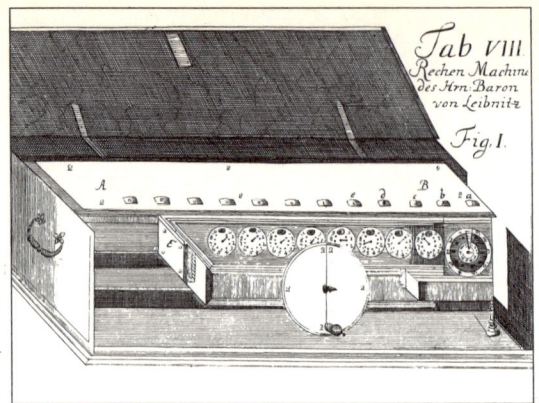

Lange Zeit beschäftigte sich Leibniz mit der Konstruktion und Verbesserung von Rechenmaschinen.

Leibniz ist ein Genie auf allen Gebieten: den Naturwissenschaften, der Technik, der Philosophie und der Mathematik. Ursprünglich hatte er wie die französischen Rationalisten die Erkenntnisgründe in der Mathematik gewähnt. »Als ich den letzten Gründen des Mechanismus und der Gesetze der Bewegung selbst nachforschte, war ich ganz überrascht zu sehen, daß es unmöglich war, sie in der Mathematik zu finden, und daß ich zu diesem Zweck zur Metaphysik zurückkehren mußte«, schreibt er rückblickend auf die Entstehung seiner Philosophie. Die Mathematik ist nur die Methode der Erkenntnis, der Mittler. Erkenntnis liegt aber nicht in ihr. »Das führte mich zu der Erkenntnis, daß die Monaden oder die einfachen Substanzen die einzig wahrhaften Substanzen sind, während die materiellen Dinge nichts als Erscheinungen sind.«

Monaden

Diese Lehre von den *Monaden* (die einfachen, unteilbaren Einheiten) ist der Mittelpunkt der Philosophie Leibniz', in der er unter anderem den Substanzbegriff des Descartes und Spinozas kritisiert. Beide waren davon ausgegangen, daß es nur zwei oder gar nur eine Substanz gibt. Leibniz dagegen behauptet, Substanzen gebe es so viele wie es Dinge gebe, und fügt hinzu »die Substanz ist ein der Tätigkeit fähiges Wesen«. Sie sind also lebendig, haben Dynamik, haben Wirkung. Sie sind keine seelenlosen Teile wie die Atome, sondern beseelte Individuen, deren Kraft in den Vorstellungen liege. Diese beseelten Teile nennt Leibniz Monaden. Wie aber steht die Vielzahl der Monaden in Zusammenhang? Die Monaden und die Wirkungen ihrer Kräfte bleiben stets in ihnen selbst, sie strahlen nicht nach außen, sie sind »fensterlos«, wie Leibniz es ausdrückt. Nichts komme aus ihnen heraus, nichts aber wirke auch auf sie ein, sie können sich also gegenseitig nicht beeinflussen. Ihre einzige Verbindung untereinander ist nur das gemeinsame Eingebundensein in das Universum. Jedes Individuum, jede beseelte Monade trage das Universum in sich, wird so auch zum Spiegel des Universums. Die kleinste Einheit der Welt (Mikrokosmos) drückt so gleichzeitig die Vielheit der Welt (Makrokosmos) aus.

»Spiegel des Universums«

Wie unterscheiden sich aber nun die Monaden? Es gibt eine Hierarchie der Monaden, die sich nach der Fähigkeit der Vorstellungen richtet. Zuunterst befinden sich die »nackten« Monaden, die nur verworrene Vorstellungen haben. Sie bilden die anorganische Welt. In der organischen Welt existieren die Monaden, die Leibniz Seelen nennt und die mit mehr oder weniger deutlichen Vorstellungen ausgestattet sind (etwa die Tiere). Monaden der höchsten Stufe sind die »Geister«, die kraft der Vernunft zu klaren Vorstellungen fähig sind (der Mensch). Die oberste Monade aber ist Gott. »Der letzte Grund der Dinge wird Gott genannt.« Er schafft den Zusammenhang alles Seienden, aller Möglichkeiten, und jede dieser Möglichkeiten ist im Universum in einer Monade verwirklicht. Gott ist der Programmierer aller Monaden, könnte man mit einem modernen Begriff sagen. Sie seien aufeinander abgestimmt wie ein-

Gott als Programmierer

mal gestellte Uhren, so drückt Leibniz es in einem
Bild aus. Gott habe dem Universum, dem ganzen
Weltsystem eine »prästabilierte Harmonie« gegeben. Er habe »bei der Hervorbringung des Universums den bestmöglichen Plan gewählt, indem sich
die größte Mannigfaltigkeit mit der größten Ordnung verbindet«. Die Welt ist so die bestmögliche
aller Welten, was zum einen den Zustand in der
Realität immer entschuldigend erklärbar macht
und zum anderen die aktive Verbesserung der
Welt als aussichtslos erklärt.

Die beste aller möglichen Welten

Die Gedankenkonstruktion von Leibniz ist das
letzte System des Rationalismus, das versucht, die
Frage zu beantworten »Wie erkenne ich die
Welt?« und das dabei wieder als letzten Grund
Gott einsetzt.

Die folgende Zeit wird die Beschränktheit dieser Konstruktionen aufzeigen und die Vernunft
als einzig mögliche Kraft der Erkenntnis kritisie-
ren.

Aufklärung als Weg aus der Unmündigkeit – Von Rousseau bis Kant

»Die Empfindung bedeutet mehr als die Vernunft«, ist ein Ausspruch von Jean-Jacques Rousseau (1712–1778), der darauf hinweist, daß die
Denker des 18. Jahrhunderts das Vertrauen in die

reine Vernunft verloren haben. Nicht, daß die Philosophie dieses Jahrhunderts, das mit der Französischen Revolution endet, die Vernunft gänzlich verwirft, sie bedient sich ihrer schon, aber sie kennt ihre Grenzen. Wie Voltaire (1694–1778) vertraut sie auf eine natürliche Vernunft, die nicht komplexe Gedankensysteme errichtet, sondern ihre Erkenntnis auf das Leben überträgt. Sie will klären, was dem Menschen nützt, ihm Autonomie geben. Sie soll ihn aufklären über seine Existenz und seine natürlichen Fähigkeiten, über die Möglichkeiten des Zusammenlebens der Menschen. Die Philosophie ist Aufklärung. Der Traum des Descartes vom umfassenden Wissen ist ausgeträumt. Im Grunde hat dieser Traum nur wieder einen neuen Glauben genährt, nämlich den, daß das denkbare Sein auch das reale Sein ist. Diesem realen Sein aber wenden sich die Philosophen der Aufklärung zu und beginnen, das zu beobachten, zu beschreiben, zu analysieren, was der Mensch an Kenntnissen in seiner Geschichte hervorgebracht hat. Nicht das, was man als Wahrheit denkt, sondern das, was die Menschheit von der Realität kennt und durch das experimentelle Denken zur Kenntnis gebracht hat, faßt die »Enzyklopädie« zusammen. Dieses Wörterbuch der Wissenschaft und der Künste haben Denis Diderot (1713–1784) und Jean le Rond d'Alembert (1717–1783) in siebenundzwanzigjähriger Arbeit zusammengetragen. Es ist die stolze, selbstbewußte Bilanz der menschlichen Kenntnisse, der Bildung und Wissenschaft der Zeit.

Viel verdankt die Aufklärung den Beobachtungen und dem experimentellen Denken der englischen Empiristen. Voltaire und Montesquieu hatten nach einem längeren Aufenthalt in England die Untersuchungen Lockes und Newtons in Frankreich bekannt gemacht, die dann zur Grundlage für den Weg der Erkenntnis in der Aufklärung wurden.

Jean-Jacques Rousseaus Gedanken übten einen großen Einfluß auf Staatsrecht, Erziehung und Kulturkritik aus. – Er gilt als einer der geistigen Vorbereiter der Französischen Revolution.

Die Philosophie der Aufklärung ist die Philosophie einer neuen Praxis. Sie greift unmittelbar ins
Leben und die gesellschaftliche Entwicklung ein,
wird so auch zum Mittel des Kampfes einer Gesellschafts- und Moralkritik, die nicht zuletzt ihre
Auswirkungen in der Französischen Revolution
von 1789 hat. Der Kampf gegen die existierende
Gesellschaft führt natürlich zu Verfolgungen:

116

»Die Philosophie ist, sobald sie auftaucht, Verfolgungen ausgesetzt«, bemerkt Voltaire. Und in der Tat verfolgt der Staat der absolutistischen Herrscher, dessen politische Geschäfte oft von Kirchenvertretern geführt werden, die neuen Ideen der Toleranz, der Gleichheit und des Atheismus scharf. Voltaire wird zeitweise in der Bastille festgesetzt, verbannt und seine Schriften verbrannt, Diderot kommt ins Gefängnis, Rousseau wird zeitweilig aus Frankreich verbannt.

Diese Philosophie der Kritik und einer neuen Praxis macht sich selbst sehr populär. Es ist nicht nur der Inhalt, der viele Menschen der Zeit anzieht, sondern auch die Form. So werden philosophische Gedanken in Romanen, Essays und Briefen ausgedrückt, die für eine weite Verbreitung der kritischen Ideen sorgen.

Für die Idee der Toleranz unter den Menschen, die zu einem vernunftgemäßen Leben gehört, setzte sich besonders der französische Aufklärer Voltaire ein.

Voltaires Kritik ist die der natürlichen Vernunft. Damit die Vernunft aktiv werden kann, muß sie sich befreien von allen Vorurteilen. »Das Vorurteil ist eine Meinung ohne Urteil«, das sich die Menschen ohne Überprüfung gebildet haben. Die meisten dieser Vorurteile prägt die Religion im Menschen. Daher sind für Voltaire die Religion und die Kirche die wesentlichen Kräfte, die den Menschen hindern, seiner Natur gemäß zu leben: Die Kirche ist »ein Monstrum, das wir hassen müssen«. Seine Briefe unterschreibt er mit »Ecrasez l'infâme« (Zermalmt die Niederträchtigkeit), womit er den religiösen Aberglauben meint. Dieser verhindert die Freiheit des Denkens, die Toleranz unter den Menschen, zumal dann, wenn sich die Kirche mit der politischen Macht verbunden hat. Dabei leugnet Voltaire nicht, daß es einen Gott gibt, fügt aber gleich hinzu: »Wenn Gott nicht existierte, müßte man ihn erfinden.« Dieser Gott steht außerhalb der Welt, er ist »der große Gott im All«. (*Deismus* nennt man die Lehre von Gott, der zwar die Natur und ihre Gesetze erschaffen hat, der aber nicht in die Welt eingreift.)

Ziel allen Seins ist für Voltaire, Toleranz zu gewähren und gemäß der menschlichen Natur und

Entlarvung des religiösen Aberglaubens

einer ihr innewohnenden Vernunft zu leben. »Wir werden nicht mit der Kraft geboren zu laufen. Aber wer mit zwei Beinen auf die Welt kommt, wird eines Tages laufen.«

Erkennen kann der Mensch in seinem Leben nicht viel von der Welt, was Voltaire zu der Konsequenz führt: »Lasset uns hingehen und unsere Gärten bebauen.«

So mündet die Kritik Voltaires nicht in eine politische Konsequenz, aus der wie bei Rousseau ein Modell einer neuen Menschengemeinschaft entsteht, sondern in eine individuelle praktische Haltung.

Leidenschaft und Empfindung sind für die Denker der Aufklärung die Motoren menschlichen Verhaltens und Handelns. Jede philosophische Erkenntnis und Haltung geht von dem subjektiven Sein aus, ohne daß sie einer besonderen Methode bedarf. Für Rousseau kommt Erkenntnis allein aus dem Grunde des Herzens. »Existieren ist Fühlen«, betont er.

Rousseaus Grundüberzeugung ist: »Der Mensch ist von Natur aus gut.« Nur die Geschichte hat aus ihm jemanden gemacht, der auch das Böse will. »Alles verkommt unter den Händen der Menschen.« Grund hierfür ist die Ungleichheit, nicht die der Fähigkeiten, sondern die, die durch das Eigentum entstanden ist. »Der erste, der einen Zaun um ein Stück Land errichtet und sich herausgenommen hat, zu sagen: dies gehört mir, ... war der wirkliche Begründer der bürgerlichen Gesellschaft«, und Rousseau fährt fort: »Ihr seid verloren, wenn ihr vergeßt, daß die Früchte allen gehören, das Land aber niemandem.« Der Geist des Eigentums zieht den des Herrschenwollens nach sich.

Eigentum schafft Ungleichheit

Rousseau bemerkt dazu: »eine Handvoll Menschen lebt im Überfluß, während es der hungernden Menge am Nötigen fehlt«. Aus dieser Kritik an der Ungleichheit der Menschen folgert er: »Es

Rechte Seite:
Mit dem Ruf
nach Freiheit,
Gleichheit und
Brüderlichkeit
stürmte das
Volk von Paris
am 14. Juli 1789
die Bastille.
Philosophie war
zur Praxis
geworden.

müßte zuerst die Gesellschaft erneuert werden.« Das Schlechte sei in der Geschichte der Menschheit aber entstanden, ohne daß die Essenz des Menschen Schaden genommen habe. Der Ruf Rousseaus »Zurück zur Natur« ist so kein Aufruf, sich auf eine grüne Insel zurückzuziehen, sondern heißt, daß man zum *Ursprung* des Menschen zurückkehren soll, zu seinem Gutsein, zum nichtentstellten Menschen, der noch nicht durch die Entstehung des Privateigentums von sich selbst entfremdet ist. Die Rückkehr ist möglich, wenn man den Menschen erzieht. Ein Beispiel und ein Programm einer solchen Erziehung gibt Rousseau in seinem Roman »Emile« (1762).

Wie aber kann das ursprünglich gute Wesen des Menschen in der Gemeinschaft, in der Gesellschaft gewahrt bleiben? Es gilt, ein Modell zu entwerfen, das eine Identität des Menschen mit seiner Natur gewährleistet. Dieser Entwurf eines Modells findet sich in Rousseaus »Gesellschaftsvertrag« von 1762. Diesen Vertrag gehen die Menschen freiwillig ein. Ihm müsse ein *allgemeiner Wille* zugrunde liegen: Der Vertrag ist die Einheit der freien Menschen, in der das Volk und nicht ein Herrscher der Souverän ist. Die höchsten Prinzipien dieses Gesellschaftsvertrags sind: Freiheit und Gleichheit.

Mit dem Ruf nach Freiheit, Gleichheit und Brüderlichkeit auf den Lippen stürmt das Volk von Paris einige Jahre später die Bastille. Es macht die Revolution. Die Philosophie ist Praxis geworden.

Auch in Deutschland hat es eine Aufklärung gegeben, die Revolution dagegen ist ausgeblieben. Hier findet sie nur in den Köpfen statt. Den Theorien von Gleichheit, Toleranz und Freiheit folgt keine neue Praxis. Für Gotthold Ephraim Lessing (1729–1781) ist zwar der »edelste Untersuchungsgegenstand der Mensch«, und in seinen Schriften propagiert er die Toleranz unter den Menschen und zwischen den Religionen, die Erziehung eines

Allergorie über die Französische Revolution

Kant und seine Tischgenossen

Während im 18. Jahrhundert die Ideen der Aufklärung in Frankreich die ganze Nation erfaßten und zur Revolution von 1789 führten, fand die Revolution in Deutschland, im »Jahrhundert Friedrichs«, nur in den Köpfen statt. Obwohl Kant der Französischen Revolution zustimmend gegenüberstand, lehnte er weitere Revolutionen ab, da sie keine »wahre Reform der Denkungsart« zu bewirken vermöchten. Damit beschränkte er die Praxis der Philosophie wieder auf die des reinen Denkens.

Philosophie und Aufklärung

Voltaire und Friedrich der Große

neuen Menschengeschlechts, aber durchschlagende Wirkung in die gesellschaftliche Praxis hat die deutsche Aufklärung nicht gehabt. Das liegt sicher auch daran, daß Deutschland wegen seiner Vielzahl von Kleinstaaten einer politischen Zersplitterung unterliegt. Lessing nennt Preußen das versklavteste Land Europas. So kann in Deutschland das Denken der Aufklärung nicht die ganze Nation erfassen wie in Frankreich und einer Revolution die gedankliche Grundlage geben.

Lesehinweis

Cassirer, Ernst: *Leibniz' System*, Darmstadt 1962

Deleuze, Gilles: *Spinoza und wir* in: *Kleine Schriften*, Berlin 1980

Descartes, René: *Abhandlung über die Methode des richtigen Vernunftgebrauchs und der wissenschaftlichen Wahrheitsforschung*, Stuttgart 1980

Descartes, René: *Meditationen über die Erste Philosophie*, Stuttgart 1980

Fetscher, Iring: *Rousseaus politische Schriften*, Frankfurt 1975

Hume, David: *Eine Untersuchung über den menschlichen Verstand*, Stuttgart 1976

Lessing, Gotthold Ephraim: *Die Erziehung des Menschengeschlechts*, Stuttgart 1980

Locke, John: *Über den richtigen Gebrauch des Verstandes*, Hamburg 1978

Negri, Antonio: *Die wilde Anomalie – Spinozas Entwurf einer freien Gesellschaft*, Berlin 1982

Rousseau, Jean-Jacques: *Bekenntnisse*, München 1981

Spinoza, Baruch de: *Die Ethik*, Stuttgart 1976

Voltaire: *Schriften*, 2 Bde., Frankfurt 1978/79

Immanuel Kant wird dann an die Ideen der Aufklärung anknüpfen und wieder ein kompliziertes Gedankensystem entwickeln. »Aufklärung ist der Ausgang des Menschen aus seiner selbstverschuldeten Unmündigkeit. Unmündigkeit ist das Unvermögen, sich seines Verstandes ohne Leitung eines anderen zu bedienen. Selbstverschuldet ist die Unmündigkeit, wenn die Ursache derselben nicht am Mangel des Verstandes, sondern der Entschließung und des Mutes liegt.«

In dieser Definition der Aufklärung von Kant findet sich kein Hinweis auf eine Praxis in der Gesellschaft, wie sie Rousseau in Frankreich gegeben hat und die dort der Revolution den Weg bereitet hat. Die Praxis der Philosophie beschränkt sich wieder auf die Praxis des reinen Denkens und des Seins dessen, der denkt.

Mut haben, selbst zu denken!

Die Grenzen der Erkenntnis Immanuel Kant

»Selbstdenken heißt den obersten Probierstein der Wahrheit in sich selbst (das ist in seiner eigenen Vernunft) suchen; und die Maxime, jederzeit selbst zu denken, ist die Aufklärung.« Dieses Selbstdenken, das die Folge von Rationalismus und Aufklärung ist, bestimmt die Philosophie Immanuel Kants (1724–1804), die sich selbst ausdrücklich als Kritik versteht. Kritik »als freie öffentliche Prüfung« von allem was gedacht worden ist, von allem was denkbar und erfahrbar ist. Dabei ist sie auch immer Selbstkritik, indem sie den Weg zur Erkenntnis permanent in die Kritik miteinbezieht. Gleichzeitig versteht Kant seine Philosophie nicht nur als Kritik, sondern auch als Praxis, meint damit jedoch eine andere Praxis als die der französischen Aufklärung, die zur Erhebung des Volkes geführt hatte. »Philosophie ist die Lehre vom Endzweck der menschlichen Vernunft, welcher nur ein einziger sein kann, dem alle Zwecke nachstehen oder untergeordnet werden müssen, und der vollendete praktische Philosoph (ein Ideal) ist der, welcher die Forderung an ihm selbst erfüllt.« Die Praxis ist also die des Denkenden. Es ist die Praxis der menschlichen Vernunft selbst, weil sie den Willen des Denkenden bestimmt. Diese Praxis des Denkens hat auch das Leben Immanuel Kants bestimmt.

In Königsberg im Jahr 1724 geboren, hat Kant diese Stadt bis zu seinem Tod 1804 nie wirklich verlassen. Sein ganzes Leben ist konzentriert auf die Tätigkeit des Philosophierens. Heinrich Heine

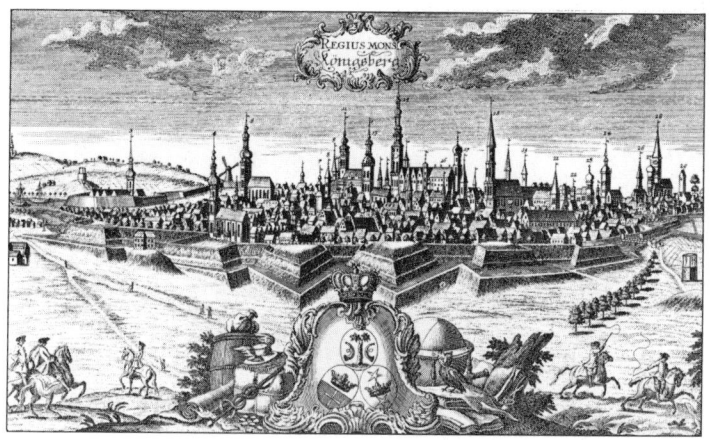

beschreibt Kant leicht ironisch: »Die Lebensge-
schichte des Immanuel Kant ist schwer zu beschreiben. Denn er hatte weder Leben noch Geschichte. Er lebte ein mechanisch geordnetes, fast
abstraktes Hagestolzleben in einem stillen abgele-
genen Gäßchen zu Königsberg ... Sonderbarer
Kontrast zwischen dem äußeren Leben eines
Mannes in seinen zerstörenden, weltzermalmen-
den Gedanken.« Diese Gedanken hat Kant in der
»Kritik der reinen Vernunft« niedergeschrieben.
Das 1781 veröffentlichte Werk wird aber erst 1789
(bezeichnenderweise im Jahr der Französischen
Revolution) in Deutschland zur Sensation. Einen
»alles Zermalmer« nennt ihn auch der deutsche
Philosoph Moses Mendelssohn. Heine bezeichnet
Kant als »den großen Zerstörer im Reich der Gedanken«. Viele deutsche Intellektuelle haben in
jenen Jahren ihr »kantisches Erlebnis«: Heinrich
von Kleist ist so verwirrt, daß er schreibt: »Mein
einziges Ziel ist gesunken, ich habe nun keine
mehr.« Was zerstört Kant mit seiner Schrift? Er
zerstört die Gewißheit des Menschen von absoluter Erkenntnis durch die Vernunft. Was ist nun

Seiner
Heimatstadt
Königsberg
blieb Kant
zeit seines
Lebens treu.
(Kupferstich
um 1750)

*Karikatur
des großen
Philosophen
beim Senf-
anrühren. –
Heine empfand
Kants
Hagestolzleben
als einen
sonderbaren
Kontrast
zu seinen
weltzermalmen-
den Gedanken.*

wahrhaft Wahrheit, was ist nur Schein? Diese
Frage muß sich der Mensch in Zukunft stellen.
Kants Philosophie bestimmt die *Grenzen mensch-
licher Erkenntnis.*

Kants Kopernikanische Wende

In seiner »Vernunftkritik« nun untersucht Kant
Grenzen und Gültigkeit von Erkenntnissen. So
schreibt Kant in der Vorrede zur »Kritik der reinen Vernunft«: »Bisher nahm man an, alle unsere
Erkenntnis müsse sich nach den Gegenständen
richten.« Nun fordert er aber: »Die Gegenstände
müssen sich nach unserer Erkenntnis richten.«
Anders ausgedrückt würde das heißen, die
menschliche Vernunft schaffe sich ihre Gegenstände selbst, genauer aber besagt es, daß sie zu
tun hat »nicht sowohl mit Gegenständen, sondern
mit unserer Erkenntnisart von Gegenständen«.

Critik
der
reinen Vernunft

von

Immanuel Kant
Professor in Königsberg.

Riga,
verlegts Johann Friedrich Hartknoch
1781.

Kants »Kritik der reinen Vernunft« wurde schon von seinen Zeitgenossen als so kompliziert empfunden, daß der Philosoph selbst im Vorwort der 2. Auflage eine einigermaßen verständliche Zusammenfassung gab.

Diese Kritik bezeichnet Kant selbst als die kopernikanische Wende in der Philosophie, eine Wende, die ähnliche Bedeutung habe wie die Entdeckung des Kopernikus, daß die Erde nicht Mittelpunkt des Kosmos sei. Die »Kritik der reinen Vernunft« gibt Antwort auf die erste von drei Grundfragen der Menschheit, die nach Kant die Philosophie stellen muß: »Was kann ich wissen?«, »Was soll ich tun?«, »Was darf ich hoffen?«

Die erste Frage fragt also nach den Bedingungen der Möglichkeit unserer Erkenntnis überhaupt.

»Daß alle unsere Erkenntnis mit der Erfahrung anfange, daran ist gar kein Zweifel.« So wärmt die Sonne den Stein. Wir sehen die Sonne und den Stein, fühlen die Wärme. Um aber über den Zusammenhang etwas zu wissen, müssen wir nachdenken. Zur *Wahrnehmung* durch die Sinne muß der *Verstand* hinzukommen. Wahrgenommen wird einzelnes, Allgemeinheit setzt Denken voraus. Urteile müssen hinzugefügt werden, Anschauungen auf Begriffe gebracht werden. Es gibt zwei Arten von Aussagen und Urteilen. Zum einen die, die nur durch die unmittelbare sinnliche *Erfahrung* gewonnen werden (die Sonne wärmt). Es sind Aussagen *a posteriori* (im nachhinein). *Erfahrungsurteile* sind *synthetische* (zusammengesetzte) *Urteile a posteriori.* Sie haben jedoch den Nachteil, von ihrem Wahrheitsgehalt her nicht absolut gültig zu sein.

Zum anderen gibt es Aussagen, die nur durch eine *Analyse* gewonnen werden, z. B.: »Die Kugel ist rund.« In dieser Aussage beinhaltet das Subjekt (die Kugel) schon im vornherein eine bestimmte Aussage, nämlich die, »rund« zu sein. Dieses sind *analytische Urteile a priori* (von vornherein). Diese Urteile haben ihre Rechtfertigung schon im Begriff, sie stimmen von vornherein, führen jedoch nicht zu neuen Erkenntnissen.

Kants Leitfrage

Die zentrale Frage von Erkenntnis ist nun aber für Kant: *Wie sind synthetische Urteile a priori möglich?* Denn nur durch diese Urteile gibt es ein Mehr an Wissen, allein sie bereichern unsere Erkenntnis.

Kant stellt fest, daß es diese Urteile in der Mathematik gibt (die Gerade ist die kürzeste Verbindung zweier Punkte), in der Naturwissenschaft

130

(die Quantität der Materie in der Welt bleibt unverändert), aber auch in der Metaphysik (die Welt muß einen Anfang gehabt haben). Notwendig, allgemein gültig, da auch der Erfahrung zugänglich, sind die beiden ersten Urteile, während dem der Metaphysik eine mögliche Bestätigung durch Erfahrung (empirische Erkenntnis) versagt ist und es sich so unserem Erkenntnisvermögen entzieht. Alle auf *empirische Erkenntnis* aber verzichtenden Urteile können nur einen *Schein* wahrnehmen, aber nicht die Wahrheit selbst. Im synthetischen Urteil verbinden sich die Formen der *Sinnlichkeit* und des *Verstandes.* Diese Verknüpfung von Empfindungen und Anschauungen findet statt in *Raum und Zeit,* die die einzigen subjektiven Rahmenbedingungen (»Anschauungsformen«) für die menschliche Sinnlichkeit darstellen. Raum und Zeit sind »eine Form von Sinnlichkeit, die in meinem Subjekt vor allen wirklichen Eindrücken hervorgeht, dadurch ich von den Gegenständen affiziert (be-eindruckt, der Verf.) werde«. Raum und Zeit bestehen also a priori, d. h. sie liegen »im Gemüte bereit« und gehen jeder Erfahrung voraus. Durch diese Affektion entsteht die Anschauung von etwas. Aber die Anschauungen sind sozusagen nur der Rohstoff für Erkenntnis. Es ist der Verstand, der in seiner Grundhaltung des Denkens diese Anschauungen ordnet und verknüpft, zum Begriff strebt, denn »Anschauungen ohne Begriffe sind blind«.

*Rahmen-
bedingungen*

131

Das Zusammenfügen von Anschauungen und Begriff sind a priorische *Denkformen der Vernunft*, die Kant *Kategorien* nennt. Kategorien sind subjektive Formen des Verstands, welche die Möglichkeiten der Erfahrung gehabt haben. Sie bedürfen zur Realisierung der Anschauung, ohne selbst aus der Erfahrung stammen zu müssen, um urteilen zu können. Ihre Tätigkeit besteht darin, das Mannigfaltige der Anschauungen auf einen Einheitspunkt zu beziehen, in Verbindung zu bringen (Synthesis). In jedem Urteil stecken so zwei Schichten, eine, die der Wahrnehmung entstammt, eine, die dem Denken entstammt.

Die Frage, ob synthetische Urteile möglich sind, beantwortet Kant insofern mit ja, als sowohl die Anschauungen in Raum und Zeit a priori sind als auch die Denkformen der Vernunft, die schließlich zur Synthesis führen. Welches ist aber der letzte Grund für diese mögliche Einheit?

Nach Kant besteht er darin, daß der Mensch ein »Ich« hat. Nur dieses Ich kann die Wahrnehmung auf einen Gegenstand beziehen. Diese Identität des Ich ist der höchste Punkt der kritischen Erkenntnisphilosophie Kants.

Da jede Erkenntnis aus der Anschauung hervorgehen muß, kann der Mensch über Gott, Seele, Welt keine Aussagen machen und nicht sagen, ob

---

Kategorie (griech. = Aussage)

In der Philosophie sind die Kategorien die allgemeinen Begriffsformen, die alle Gegenstände der Erfahrung begreifen. Bei Kant sind sie subjektive Denkformen, die eine ursprüngliche Erfahrung gehabt haben müssen. Sie sind ursprüngliche Verstandeshandlungen, sie sind »nichts als Gedankenformen, die bloß das logische Vermögen enthalten, das mannigfaltig in der Anschauung Gegebene in einem Bewußtsein a priori zu vereinigen«.

sie nun existieren oder nicht. Diese Noumena (gedachte Dinge, »Ding an sich«) existieren nur in der *Idee*, sie sind für die Erkenntnis ein Nichts. Sie sind reine Verstandesbegriffe, die uns einzig als »transzendentaler Schein« vorkommen.

Theoretisch unbeantwortbar

Die Frage: »Was soll ich tun?« beantwortet Kant hauptsächlich in der Schrift »Kritik der praktischen Vernunft«. Da die gesamte Philosophie »Lehre vom Endzweck der menschlichen Vernunft« ist, ist es auch die Praxis der Vernunft, die die Ethik Kants bestimmt.

Selbstdenken, der Vernunft folgen, die Anlage in sich selbst zur Persönlichkeit durch sie entwikkeln, das sind die Grundlagen der Ethik. Daraus entspringt der *Wille.* »Die Autonomie des Willens ist das alleinige Prinzip aller moralischen Gesetze und der ihm gemäßen Pflichten.« Der autonome Wille ist Selbstgesetzgebung der praktischen Vernunft. Durch sie sei der Wille gut. Kant hatte schon in der »Grundlegung zur Metaphysik der Sitten« (1785) festgestellt: »Es ist überall nichts in der Welt, was ohne Einschränkung für gut gehalten werden könnte, als allein ein guter Wille.« Das

133

heißt also, daß der Wertbegriff im Menschen selbst liegt, in seinem Willen. In ihm liege ein Sollen, das er mittels der Vernunft wahrnimmt. Dieses Grundsollen, das alle Menschen betrifft, nennt Kant den *kategorischen Imperativ*. Er besagt: »Handle so, daß die Maxime deines Willens jederzeit zugleich als Prinzip einer allgemeinen Gesetzgebung gelten könne.« Wie die Maxime des einzelnen Menschen auch heißen mag, sie soll also der Forderung genügen, schlechthin zum *allgemeinen Gesetz* erhoben werden zu können. Richtschnur dafür ist die *praktische Vernunft*, die im Menschen vor aller Erfahrung a priori verankert ist. Sie ist also der Gesetzgeber des Menschen, der durch sein Wollen Persönlichkeit geworden ist, autonom ist. »Die Persönlichkeit ist die Freiheit vom Mechanismus der ganzen Natur.« Da Persönlichkeit aber Wollen voraussetzt, folgt daraus, daß Freiheit immer gewollt werden muß. Hier setzt auch die Antwort auf Kants letzte Frage »Was darf ich hoffen?« ein.

Kategorischer Imperativ

»Glücklich zu sein, ist notwendig das Verlangen jedes vernünftigen aber endlichen Wesens, und also ein unvermeidlicher Bestimmungsgrund seines Begehrungsvermögens.« Aber, so fügt Kant hinzu, »die Zufriedenheit mit dem eigenen Dasein ist nicht etwa ein ursprünglicher Besitz«. Glück muß also gewollt werden, muß erkämpft werden. Das Mittel hierzu ist die *praktische Vernunft*. Das Selbstdenken und als höchste Form die »konsequente Denkungsart« sind die einzigen Heilmittel gegen eine Entfremdung des Menschen. Die Philosophie »ist ein bewaffneter Zustand«, sagt Kant. Durch die Praxis der unendlichen Vernunft entsteht die Freiheit und die Autonomie des Menschen. Was der Mensch hoffen darf, bestimmt er also durch sein eigenes Wollen, durch seine tätige Vernunft.

»Konsequente Denkungsart«

Die Philosophie Kants ist sicher eine Wende und ein Fixpunkt in der Geschichte der Philoso-

Immanuel Kant

phie. Zum einen hat er den Dualismus zwischen Körper und Geist, zwischen Empirismus und Rationalismus aufgehoben und so die Grenzen der menschlichen Erkenntnis genau abgesteckt. Zum anderen hat er die Freiheit des Menschen neu bestimmt, die in der Praxis einer Vernunft liegt, die zugleich in sich praktisch und kritisch ist.

Fixpunkt ist Kants Philosophie, weil sich die gesamte nachfolgende Philosophie an ihr orientieren muß, sei es in einem positiven, sei es in einem negativen Bezug zu ihren Ideen.

Wirkung

Noch etwas kann behauptet werden, nämlich, daß durch Kant die Philosophie komplizierter geworden ist. Schon zu Kants Lebzeiten haben viele Menschen, auch berufsmäßige Philosophen, seine Schriften weggelegt, weil sie ihnen zu kompliziert waren. Aus diesem Grund hat Kant zur 2. Auflage der »Kritik der reinen Vernunft« ein Vorwort schreiben müssen, das seine Gedanken einigermaßen verständlich zusammenfaßt.

Die Suche
nach dem Absoluten
in der Idee

Vom Menschen selbst geht die Suche nach Absolutem aus, die Fichte, Schelling und Hegel in Unruhe versetzt, und zwar vom Menschen als geschichtlichem Wesen.

»Das Absolute ist der Geist«, behauptet Hegel und meint in ihm den Punkt gefunden zu haben, von wo aus die Welt einheitlich begriffen werden kann. »Der Geist ist das Denken überhaupt«, fährt er fort. Der Geist sei das sich selbst denkende Absolute, er ist das »An-und-für-sich-Seiende« und in ihm entsteht die Identität von Denken und Sein, dies zeigt die »Logik«.

Das Ich als Absolutes –
Fichte

Johann Gottlieb Fichte

»Was für eine Philosophie man wähle, hängt sonach davon ab, was für ein Mensch man ist; denn ein philosophisches System ist nicht ein toter Hausrat, den man ablegen oder annehmen könnte, wie es uns beliebte, sondern es ist beseelt durch die Seele des Menschen, der es hat.«

Johann Gottlieb Fichte (1762–1814) beschreibt hier auch sein eigenes Verhältnis zur Philosophie, denn das Wissen, das mit dem »Ich« identisch ist, drückt ein unendliches Streben des Menschen aus, der sich selbst verwirklichen will. Ist diese Identität des Wissens und des Seins da, so besteht Freiheit für das Ich. Fichte ist mit Leidenschaft Philosoph, diese Leidenschaft sollte ihm aber auch zum Verhängnis werden.

Fichte stammt aus ärmlichen Verhältnissen. Die Protektion eines Gutsherrn gibt ihm die Möglichkeit, die Fürstenschule in Pforta zu besuchen und zu studieren. Durch Zufall lernt er die Schriften Kants kennen, den er in Königsberg besucht und dessen Gedanken ihn leidenschaftlich anziehen. 1792 verfaßt Fichte anonym die Schrift »Versuch einer Kritik aller Offenbarung«, die zunächst Kant zugeschrieben wird. Als sich der wahre Verfasser herausstellt, wird Fichte schnell bekannt. 1794 erhält er eine Professur in Jena. Seine Vorlesungen, seine Schriften und Pamphlete, sein Eintreten für die Französische Revolution erregen Aufsehen, verschaffen ihm aber auch viele Feinde. Er wird der Gottlosigkeit angeklagt, eine Anklage, die, wie beispielsweise bei Sokrates auch, die Philosophie als Kritik treffen soll. Fichte muß Jena verlassen, er geht nach Berlin, wo ihm eine neue Professur angeboten wird. Aber diese Anklage hat ihn so schwer getrof-

Die Protektion eines Gutsherrn gab Fichte die Möglichkeit zum Besuch der Fürstenschule in Pforta.

137

fen, daß er von nun an zurückhaltender wird,
Teile seiner Philosophie revidiert. Er ändert seine
Ansichten über die Französische Revolution, und
gegen Ende seines Lebens wendet er sich der Seligkeit in Gott zu.

»Die Gegenstände müssen sich nach unserer
Erkenntnis richten«, hatte Kant behauptet und
damit die Möglichkeiten des erkennenden Ichs
abgesteckt. Gott, Freiheit und das »Ding an sich«
sind aber für den Menschen nicht erfahrbar, nicht
zu erkennen, sind also nur als *bloße Idee* existent.
Würde das aber nicht das Streben des Menschen
nach dem Absoluten einschränken? Eine Be-
schränkung der Freiheit des Ich kann Fichte aber
nicht akzeptieren, ist dieses Ich doch der Ausgangspunkt seiner Philosophie. Dieses Ich, das

Ich bin ich
(Thesis)
sagt: »Ich bin Ich«, duldet neben sich keine Welt,
die dieser Gleichung nicht entspringt. Nach
Fichte ist es eine Täuschung anzunehmen, es gebe
noch ein Außerhalb des Ich-Bewußtseins, denn
kann irgend etwas sein außer in unserem Bewußtsein? Alles, was existiert, muß Schöpfung
dieses Ich sein. Die Welt ist also das Produkt und
das Material unserer Tätigkeit. Was uns als Welt
erscheint, ist nur ein Bild, das das Ich bildet, ein
Produkt unseres Vorstellungsvermögens, eine
Idee also.

Mit diesen Gedanken seiner »Wissenschaftslehre« (1794) wird Fichte zum ersten Vertreter des
Idealismus, einer philosophischen Bewegung, die
mit Kants bloßer Idee des »Ding an sich« begonnen hatte und die Philosophie bis zum Tode
Hegels bestimmt. Dieser Idealismus wird auch
»Deutsche Philosophie« genannt, weil er als ty-
pisch deutsch angesehen wird.

Den Anfang der »Wissenschaftslehre« bildet
die ursprüngliche »Tathandlung« des Ich sich
selbst zu denken. Dies drückt sich nach Fichte in
der Aussage »Ich bin Ich« aus (Thesis). »Das Ich
setzt sich selbst schlechthin und dadurch ist es

Idealismus

Der Idealismus wird in der Nachfolge Kants zur be-
stimmenden Philosophie in Deutschland, er wird
auch deutscher Idealismus genannt.

Für Kant bedeutet die Idee dasjenige, das über
das Erkenntnisvermögen des Menschen hinausgeht, weil es nicht aus der Anschauung hervorgehen kann, sondern nur als Schein wahrgenommen
wird und so transzendentaler (die Grenzen der Erfahrung übersteigender) Idealismus genannt wird.
Die Einschränkung der Subjektivität des Erkennens
wollen Fichte, Schelling und Hegel nicht hinneh-
men. Diese Subjektivität findet bei ihnen Ausdruck
in der Idee, die der Mensch vom Sein hat. Die Idee
bildet somit den absoluten Einheitsgrund von Welt.
Bei Fichte ist es die Idee des Ich, bei Schelling die
der Natur und bei Hegel die des Geistes, die das
Absolute darstellt.

selbst vollkommen . . . Das Ich fordert, daß es alle
Realität in sich fasse und die Unendlichkeit er-
fülle . . . Dieses ist das absolute Ich.« Wie bisher
A = A Realität gesetzt hat, setze jetzt Ich = Ich
die existierende Wirklichkeit. Wenn das nicht so
wäre, hätte das Ich keine Freiheit, wäre nicht autonom. Gäbe es aber nur das eine Ich, das Ich des
Ich, würde dann nicht alles, weil das Ich des Menschen ja nicht ewig ist, irgendwann im Nichts ver-
schwinden? Deshalb ist das Ich nicht nur ein Ein-
zelmensch, sagt Fichte, sondern »Ich-heit«, was
heißt: Die Vielzahl der Ichs, die existieren, drückt
sich darin aus.

Das »Ich« ist aber auch bestimmbar durch sein   *Nicht-Ich*
Gegenteil, das »Nicht-Ich« (Antithesis). Da alles   *(Antithesis)*
aber vom Ich gesetzt wird, drückt sich die Identi-
tät auch immer in der Negation aus, die eine Tätigkeit des Bewußtseins ist. Das »Nicht-Ich«
treibt das »Ich« wiederum an, um erneut zur Ein-
heit (Synthesis), einer höheren Einheit, zu gelan-   *Synthesis*

139

gen. Diese Einheit von »Ich« und »Nicht-Ich« ist das *Ideal des Bewußtseins,* das Sein-Müssen. In ihr drückt sich das unendliche Streben sich selbst zu verwirklichen aus. Diese Verwirklichung des Ich ist aber nur in der Gemeinschaft möglich. Nur unter Menschen kann der Mensch die Freiheit des Ich wirklich erlangen. Das Nicht-Ich hat ihm den Blick auf den anderen freigemacht, mit dem er eine Verbindung mit dem Ziel der Freiheit eingeht. »Gesellschaft nenne ich die Beziehung der vernünftigen Wesen aufeinander« und so, fährt Fichte fort, »entsteht durch Gesellschaft Vervollkommnung der Gattung« des Vernunftmenschen, denn »die Vernunft wirkt immer mit Freiheit«.

Von Rousseau und den Gedanken der Französischen Revolution animiert, entwirft Fichte seine Schrift »Grundlage des Naturrechts« (1796) und kommt zu dem Schluß: »Es ist der Zweck aller Regierung, die Regierung überflüssig zu machen«, denn erst dann erringt der Mensch absolute Freiheit.

Das spätere philosophische Werk Fichtes sieht diese Verwirklichung des Ich nicht mehr in der Autonomie seines Seins und in einer idealen Gemeinschaft, sondern prägt den Gedanken: »Leben in Gott ist frei sein.« In der Schrift »Anweisung zum seligen Leben« (1806) heißt es: »Leben ist Liebe und daher ist Leben und Seligkeit an und für sich eins ... das wahrhafte Leben liebt Gott.«

Auch Fichtes politische Einstellung ändert sich unter dem Eindruck der Herrschaft Napoleons und seiner Feldzüge durch ganz Europa. In den »Reden an die deutsche Nation« (1807) drückt Fichte die Überzeugung aus, daß allein das deutsche Volk rein und idealistisch sei und so ein Sendungsbewußtsein habe, das den Frieden in Europa retten könne. Zudem begründet er ein Recht des Stärkeren, das sowohl nach innen als nach außen wirke. Fichte, der ursprünglich als Theoretiker und Praktiker absoluter Freiheit des Ich angetreten war, entwirft an seinem Lebensende eine Theorie, die den einzelnen entmündigt.

Sendungsbe-wußtsein

Die Natur als Absolutes – Schelling

»Uns allen wohnt ein geheimes, wunderbares Vermögen bei, uns aus dem Wechsel der Zeit in unser innerstes, von allem, was von außen her hinzukam, entkleidetes Selbst zurückzuziehen, und da unter der Form der Unwandelbarkeit das Ewige in uns anzuschauen.« Das klingt nach Fichte, und auf den ersten Blick ist es wieder das Ich, das uneingeschränkt die Realität setzt. Aber da ist auch das »Ewige in uns«, was sonach schon vor der Tat des Ich = Ich dagewesen sein muß.

Es ist Friedrich Wilhelm Joseph von Schelling (1775–1854), der in den »Briefen über Dogmatismus und Kritizismus« (1795) diese Feststellung trifft. Neben der Frage: Woher kommt dieses Ewige in uns? stellt sich ihm aber noch eine zweite, die die Philosophie Fichtes nicht so recht beantwortet. Warum gibt es überhaupt eine Welt aus Objekten und Subjekten? Warum gibt es nicht nur ein absolutes und unendliches Ich?

Während seiner Studienzeit traf Schelling im »Tübinger Stift« auf Hegel und Hölderlin. Gemeinsam begeisterten sie sich für die Ideen der Französischen Revolution.

141

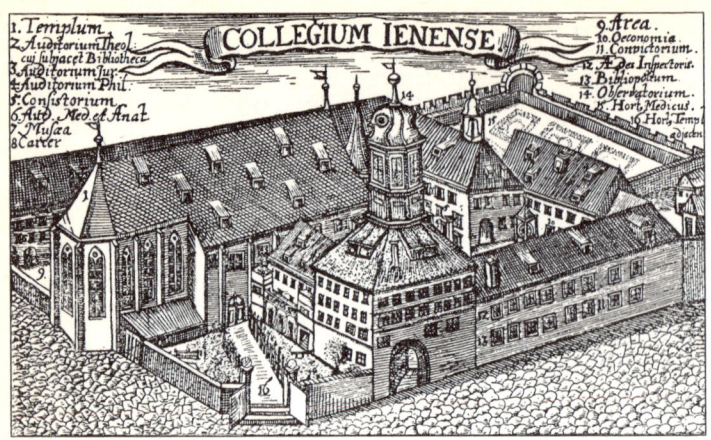

Goethe verschaffte dem jungen Schelling eine Professur an der 1558 gegründeten Universität Jena.

Schelling stammt aus einer württembergischen Pfarrersfamilie. In seiner Studienzeit trifft er auf Hegel und Hölderlin. Mit ihnen begeistert er sich für die Französische Revolution. Schelling soll die »Marseillaise« ins Deutsche übersetzt haben, was ihm einen Verweis der Universitätsleitung einbringt. Seine erste bedeutende Schrift »Vom Ich als Prinzip der Philosophie oder über das Unbedingte im menschlichen Wissen« verfaßt er mit 20 Jahren. Sie weist auf den Einfluß Fichtes hin, aber auch auf das Unbedingte des Wissens und das Streben nach *Absolutem*. Die Unlösbarkeit der oben angeführten Fragen führt Schelling zur Entwicklung einer eigenen Philosophie, die er »Naturphilosophie« nennt. Goethe verschafft Schelling 1798 eine Professur in Jena, wo kurz darauf Fichte entlassen wird. Schellings Vorlesungen, die er dort bis 1803 hält, finden großen Zulauf. Er ist ein Modephilosoph für die Gesellschaft geworden, drückt er doch den Geist der Zeit aus. Einige Jahre später zieht Schelling sich zurück, auch seine Philosophie verändert sich. Sie bezieht sich mehr und mehr auf Religion und Mythologie.

142

Nach dem Tode Hegels übernimmt er für kurze Zeit dessen Lehrstuhl in Berlin. Aber zu dieser Zeit interessiert sich kaum einer mehr für seine Philosophie.

Die Feststellung Fichtes »Alles ist nur durch das Ich« schmeichle dem menschlichen Verstand sehr, sagt Schelling, aber »solange nicht gezeigt wird, wie, auf welche Weise dies alles, was wir als existierend anerkennen müssen, durch das Ich und für das Ich ist«, kann unser »unbedingtes Wissen« keine Befriedigung finden. So begibt sich Schelling auf die Suche nach einem Absoluten, aus dem heraus alles erklärbar ist.

Jene Jahre des Übergangs vom 18. ins 19. Jahrhundert sind bestimmt durch zahlreiche Naturexperimente und durch die Entdeckung der Chemie als Wissenschaft der Natur. So interessiert sich auch Schelling für die zuckenden präparierten Froschschenkel Galvanis und andere Naturexperimente. Hinzu kommt ein neues Naturgefühl, das

Die zuckenden Froschschenkel-experimente des italienischen Naturforschers Galvani zogen auch Schellings Interesse an.

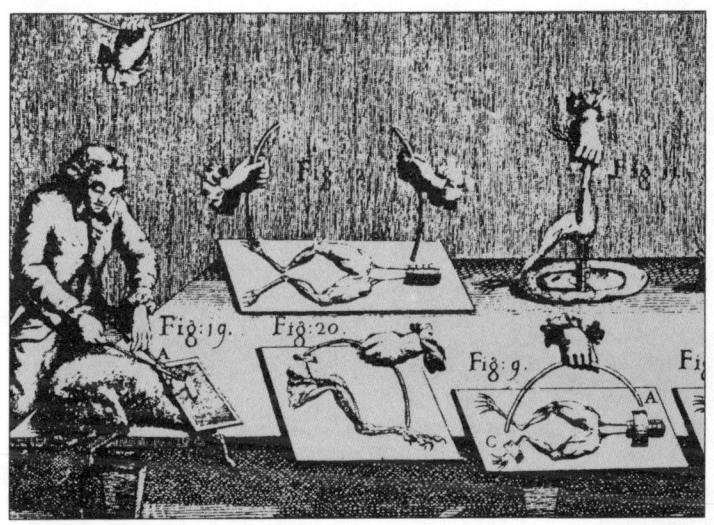

in dieser Zeit entsteht und eng verbunden ist mit der Geburt der Romantik in Deutschland. Zu diesen romantischen Kreisen gehört als einer der wichtigsten Anreger auch Schelling. So liegt es nahe, daß er auch das *Absolute in der Natur* sucht. Die Lektüre Spinozas, der ja davon ausgegangen war, daß es nur eine einzige Substanz, die Natur gebe, führt ihn auf die Fährte. So erscheinen 1797 die »Ideen zu einer Philosophie der Natur«.

Die Naturphilosophie Schellings ist eine Entwicklungslehre. Sie geht davon aus, daß die Physis, also die Natur, das erste ist, von der sich alle weitere Entwicklung bestimmt. »Die Natur ist a priori, das heißt, alles Einzelne in ihr ist vorausbestimmt durch das Ganze.« Da Natur aber nicht tot sei, selbst die anorganische Natur habe Leben, ist ihr wesentliches Prinzip die Produktion. Natur ist Totalität, ist das gesamte Sein in Tätigkeit. Diese Tätigkeit ist eine bewußtlose Produktion. Diese geschieht in Stufen, als eine »kontinuierlich-wirksame Naturtätigkeit«, vom Niederen zum Höheren, »vom Polypen zum Menschen ... und der Übergang von jenem zu diesem wäre unerklärlich, wenn nicht zwischen beide Zwischenglieder träten«. Der Begriff für diese Produktivität ist der Organismus. Jetzt bleibt die Naturphilosophie aber nicht bei der Aufdeckung dieser Naturtätigkeit stehen, sondern Schelling erweist, daß der menschliche Geist ein Produkt dieser Naturtätigkeit ist, gleichzeitig aber in seinem Bewußtsein über die Natur hinauszugehen in der Lage ist, und sie so zur Vollendung bringen kann. »Die Natur soll der sichtbare Geist sein, der Geist die unsichtbare Natur.« Das ist die Formel der Identitätsphilosophie, die Schelling im »System des transzendentalen Idealismus« (1800) entwickelt. In dieser *Identität von Geist und Natur* hat Schelling das von ihm gesuchte Absolute gefunden. »Die absolute Identität ist nicht Ursache des Universums, sondern das Universum selbst.« Diese Identität, so sagt Schelling, macht sich durch die Kunst verständlich. Die Kunst ist das Organon (Werkzeug), in dem sich diese Identität verwirklicht, offenbart, zum Ausdruck drängt. Schon Kant hat in der »Kritik der Urteilskraft« (1790) die Möglichkeit der Kunst angedeutet, eine Synthese von Idee und realem Sein darzustellen. Für Schelling ist also die Kunst, »das einzig wahre und innige Organ, und Dokument der Philosophie, welches immer und fortwährend aufs neue bekundet, was die Philosophie äußerlich nicht darstellen kann, nämlich das Bewußtlose im Handeln und Produzieren und seine ursprüngliche Identität mit dem Bewußten. Die Kunst ist eben deswegen dem Philosophen das Höchste, weil sie ihm das Allerheiligste gleichsam öffnet, wo in ewiger und ursprünglicher Vereinigung gleichsam in einer Flamme brennt, was in der Natur und Geschichte gesondert ist, und was im Leben und Handeln, ebenso wie im Denken sich fliehen muß«. In der Kunst drückt

Natur und Geist

Kunst

sich Freiheit aus und die romantische Sehnsucht nach der Einheit von Leben und Kunst. »Die Natur schafft als Künstler, der Künstler als Natur.« Schelling hat der Romantik ihre theoretische Grundlage, ihre Ästhetik und Weltschau gegeben. Innerhalb der Romantik gibt es aber auch eine starke mythische und religiöse Strömung, der sich Schelling nicht entziehen kann. Er entwickelt ab etwa 1810 eine Theogonie, eine mythische Beschreibung vom Werden der Gottheit, die aber für die weitere philosophische Frage der Zeit ohne Bedeutung ist.

Romantik

Kant hat dem Menschen das Tor zu einer neuen Art der Erkenntnis geöffnet, durch die eine kritische Vernunft die erfahrbare Welt beurteilen kann. Nur zum Sein, zu dem »Ansich«, also zu dem Absoluten konnte er mittels der Vernunft nicht vordringen, sondern nur einen Schein wahrnehmen und es als Idee benennen.

Der Geist als Absolutes – Hegel

Es ist Georg Wilhelm Friedrich Hegel (1770–1831), der Kritik an der Philosophie Kants übt und äußert, daß durch sie »nichts Wahres, sondern nur die Erscheinung gewußt werden könne«. Sie sei nur »ein subjektiver Dogmatismus«, der die »Frage nach dem, was an und für sich wahr ist, aufgegeben« habe. Eine »Faulheit der Vernunft« nennt er die Begnügung mit einem solchen Resultat, denn im Drang nach Absolutem dürften der Mensch und seine Vernunft nicht vor den letzten Fragen haltmachen. Dem Absoluten glaubten sich dann Fichte und Schelling auf der Spur.

»Faulheit der Vernunft«

Nur, ist das Ich das Absolute, ist die Natur das Absolute? Hegel verneint dies, indem er das Ergebnis ihrer Suche als Spekulation abtut und ihm

eine begriffliche Legitimation abspricht. Ironisch bezeichnet er Schellings »Absolutes« als »die Nacht, in der alle Kühe schwarz sind«.

Dabei sind Hegel und Schelling lange Zeit eng verbunden. Hegel, in Stuttgart 1770 als Beamtensohn geboren, lernt Schelling während seines Studiums der Theologie und Philosophie in Tübingen kennen. Schelling holt Hegel dann als Dozent an die Universität Jena, wo beide eine philosophische Zeitschrift herausgeben. 1807 veröffentlicht Hegel »Die Phänomenologie des Geistes«, und von hieran trennen sich Hegels und Schellings philosophische Wege. Hegel wird Redakteur bei der »Bamberger Zeitung«, 1808 Schulleiter in Nürnberg, wo die »Wissenschaft der Logik« (1816) entsteht. Erst jetzt wird man auf ihn aufmerksam. Eine Professur in Heidelberg ist die Folge, bevor der dann 1818 an die Universität Berlin berufen wird, wo seine Vorlesungen regen Zulauf und allseitige Anerkennung erfahren.

1831 stirbt Hegel an Cholera, sein Lehrstuhl wird Schelling übertragen, mit dem er sich in den letzten Jahren völlig verfeindet hat.

»Erkenne Dich selbst, dies absolute Gebot hat weder an sich, noch, wo es geschichtlich ausge-

Als Nachfolger von Fichte erhielt Hegel 1818 einen Ruf an die Universität Berlin, wo die Vorlesungen des schwäbelnden Philosophen einen großen Zulauf hatten.

sprochen vorkommt (bei Sokrates, der Verf.) die
Bedeutung nur einer Selbsterkenntnis nach Fähigkeiten ... des Individuums, sondern die Bedeutung der Erkenntnis des Wahrhaften an und für
sich – des Wesen selbst als Geistes.«

Stufen

Das Denken des Menschen, des Individuums,
bewegt sich, es ist auf dem Weg. Die Stufen dieses
Weges gehen vom Verstand zum Bewußtsein, von
da zum Selbstbewußtsein, dann zur Vernunft und
schließlich zum absoluten Wissen. »Dieser Weg
des individuellen Geistes ist auch der des Geistes
der Menschheit, des absoluten Geistes. Wissenschaft ist dies, diese Einheit in ihrer ganzen Entwicklung durch sich selbst zu wissen.« Diese
ganze Entwicklung des menschlichen Geistes darzustellen, ist die Aufgabe, die sich Hegel stellt und
die er in der »Phänomenologie des Geistes« als
»die Darstellung des erscheinenden Wissens« an-
geht. Sie ist eine Reise durch die Welt des Geistes,
eine Reise der Menschheit, aber auch die Reise
des Lesenden durch seine eigene Vorgeschichte,
die ihn bis in seine Gegenwart führt.

»Das Wahre ist konkret« sagt Hegel und meint
damit, daß es die Philosophie immer mit etwas in
der jeweiligen Zeit Konkretem, immer mit Gegen-
wärtigem zu tun habe. Philosophie sei nämlich
»ihre Zeit in Gedanken erfaßt«.

*Absolutheits-
anspruch*

Indem die Philosophie das absolut Wahre so er-
fasse, sei sie auch die absolute Wissenschaft: »Ihr
Grundbegriff ist das wahrhaft Unendliche.« Da
Hegel meint, dies erkannt zu haben, kommt er
auch zu dem Schluß, ihm sei die Aufgabe zugefal-
len, die gesamte Philosophie zu einem Abschluß
zu bringen. Dieser sei dann der Endpunkt der Philosophie und der Wissenschaft überhaupt. Man
könnte meinen, Hegel widerspräche hier seiner eigenen Theorie, behauptet die doch, daß der Geist
eine ewige Tätigkeit sei, ein Werden, »eine absolute Aktivität«. Hegel geht aber schon davon aus,
daß dieses Werden in seiner Zeit eine totale Syn-

these von Objekt und Subjekt erlebe, nach der eigentlich nichts mehr kommen könne. Andererseits ist für Hegel bezeichnend, daß er niemals über seine Gegenwart hinausdenkt und so auch nicht anders kann, als der Philosophie in seiner Zeit ein Ende zu setzen.

»Alles fließt« hatte schon der Grieche Heraklit gesagt. »Alles ist Werden«, meint Hegel, und dieses Werden hat einen inneren Prozeß, den der *Dialektik*, der Entzweiung mit dem Ziel der Vereinigung. Alles hat zwei Seiten, sagt dazu der gesunde Menschenverstand, vergißt dabei aber oft die dritte, die wie die eines Dreiecks alles irgendwann auf einer höheren Stufe vereint. Werden bedeutet immer These – Antithese – Synthese. Auf das Ich bezogen haben wir diese Dialektik schon bei Fichte gesehen, bei Hegel aber wird das Sein zum Nichts, was das Anderssein in sich trägt und, indem es sich wissend selbst begreift, zu einem höheren Sein strebt.

149

Die Dialektik ist ruheloses Sein und, übertragen auf das Denken, ruheloses Denken, das immer zu einer höheren Lösung strebt, wie die Geschichte des Geistes der Menschheit zeigt. Die Dialektik bedeutet eine Geschichte von Brüchen, von Durchbrüchen zu einem qualitativ neuen Sein. Und so ist »vom Absoluten zu sagen, daß es wesentlich Resultat ist, daß es erst am Ende das ist, was in Wahrheit ist«. Das was am Ende Wahrheit, Wissen bis in seine Zeit hinein geworden ist, faßt Hegel dann in der »Enzyklopädie der philosophischen Wissenschaften« (1817) zusammen. Sie ist die Summe der Idee »als der adäquate Begriff, das objektiv Wahre oder das Wahre als solches«. Es ist das sich selbst denkende Absolute. Hatte die »Logik« das Absolute in seiner Entwicklung als Logik des Seins (These), des Wesens (Antithese) und des Begriffs (Synthese) dargestellt, so stellt die »Enzyklopädie« die Resultate des Absoluten zusammen.

Verwirklichung des Absoluten

Die Verwirklichung des Absoluten ist in den »Grundlinien der Philosophie des Rechts« (1821) beschrieben und zeigt sich im Staat. Diese Abhandlung Hegels ist der Versuch, den Staat als ein in sich Vernünftiges zu begreifen und darzustellen. Dabei beschreibt Hegel wieder nur das, was ist, er entwickelt keinerlei Utopien, denn »es ist töricht zu wähnen, irgendeine Philosophie gehe über ihre gegenwärtige Welt hinaus«. Ist der Staat

> **!** Dialektik heißt in der ursprünglichen Bedeutung des griechischen Worts Unterredungskunst und ist schon in der Antike angewendet worden (Sokrates, Platon), um durch Rede und Gegenrede eine Sache klarwerden zu lassen. Diese Wirklichkeit muß von den ihnen innewohnenden beiden gegensätzlichen Seiten These-Antithese betrachtet werden. Das Ergebnis ist die Vereinigung auf einer qualitativ höheren Stufe (Synthese).

aber Realisierung der Vernunft, des Absoluten, stellt er die jeweils aktuelle Ordnung des Geistes dar. Denn: »Was vernünftig ist, das ist wirklich, und was wirklich ist, ist vernünftig.« Ist der Staat aber die aktuelle Ordnung des Geistes, so muß der Mensch ihn auch anerkennen. Als Einheit von Familie und bürgerlicher Gesellschaft ist er existentiell durch die verwirklichte Vernunft gerecht, stellt er die Vollendung der Freiheit dar. Da Hegel, wie Ernst Bloch sagt, die Geschichte 1830 anhält, heißt das also auch, daß Hegel den preußischen Staat der Zeit als gerechte Ordnung und Vollendung der Freiheit ansieht und so mit Recht auch der preußische Staatsphilosoph genannt werden kann.

Hegel konstruiert mit seiner Philosophie als der Wissenschaft vom Absoluten ein imposantes Gedankengebäude mit objektivem Anspruch, in dem Denken und Sein eine endliche Identität in der Idee des absoluten Geistes erfahren. Die Sehn-

Der Denkerclub. Die Karikatur zeigt die Auswirkungen der »Karlsbader Beschlüsse« (1819), die alle liberal-nationalen Tendenzen im Preußenstaat unterdrückten. – Trotzdem sah Hegel in diesem Staat die gerechte Ordnung und die Vollendung der Freiheit.

sucht des Menschen nach Unendlichkeit, nach dem Einswerden von Subjekt und Objekt scheint erfüllt.

Und doch, könnte nicht auch alles ganz anders sein? Diese Frage werden seine vehementesten Kritiker in der zweiten Hälfte des 19. Jahrhunderts stellen.

Hegels dialektische Methode, die er selbst hauptsächlich geschichtlich angewendet hat, wird aber erstmal Ausgangspunkt für eine Philosophie, die sich eine höchste Praxis selbst setzt, nämlich die Gegenwart zu verändern und die Welt und den Menschen neu zu bestimmen. Es ist die Philosophie von Karl Marx und Friedrich Engels.

Lesehinweis

Bloch, Ernst: *Subjekt-Objekt. Erläuterungen zu Hegel*, Frankfurt 1977

Fichte, Johann Gottlieb: *Anweisung zum seligen Leben*, Hamburg 1970

Hegel, Georg Wilhelm Friedrich: *Phänomenologie des Geistes*, Frankfurt 1973

Hegel, Georg Wilhelm Friedrich: *Wissenschaft der Logik*, 2 Bde., Frankfurt 1969

Kant, Immanuel: *Kritik der praktischen Vernunft*, Frankfurt 1977

Kant, Immanuel: *Kritik der reinen Vernunft*, 2 Bde., Frankfurt 1977

Schelling, F. W. J.: *Philosophische Untersuchungen über das Wesen der menschlichen Freiheit*, Frankfurt 1975

Schelling, F. W. J.: *Schriften zur Naturphilosophie*, München 1972

Gegen die Entfremdung des Menschen

Hegels Philosophie ist das letzte große Denksystem, das allumfassend sein und das absolute Wissen darstellen will. Hegel selbst hat es als den Schlußpunkt der Philosophie verstanden. Als trunkene Spekulation, als hohles Gebäude von Hirngespinsten, als »Gedankenautomaton« (Schopenhauer) wird dagegen sein Denkgebäude in der Folge kritisiert.

Die Philosophie der zweiten Hälfte des 19. Jahrhunderts ist im wesentlichen die einer Kritik an Hegel. Grundzug aller Kritik, so verschieden sie auch sein mag, ist die neue Stellung, die dem Menschen in seiner Welt, dem Sein in der konkreten Wirklichkeit, gegeben wird.

Diese Wirklichkeit und damit auch ihre Auswirkungen auf den Menschen verändern sich in der Zeitperiode nach Hegel gewaltig. An die Stelle der feudalistischen Ordnung hat sich inzwischen eine bürgerliche Ordnung gesetzt. Ihre ökonomische Macht ist auch zur politischen Macht geworden. Sie begünstigt in ihrem inneren Drang nach Ausweitung neue wirtschaftliche und technische Entwicklungen, die das Jahrhundert prägen und dazu führen, daß sich die Welt zunehmend industrialisiert. Ausgehend von England, bewirkt die Industrialisierung auch in Frankreich und Deutschland eine neue gesellschaftliche Ordnung, in der sich der *Kapitalismus* schnell entwickelt und von nun an die Wirklichkeit bestimmt, die wesentlich Arbeit und Elend für viele, Eigentum und Reichtum für wenige bedeutet.

Gewaltige Veränderungen

Mit dem Übergang vom 18. zum 19. Jahrhundert begann die Industrialisierung. Neue wirtschaftliche und technische Entwicklungen brachten neue Arbeitsformen. Damit aber begann auch die Entfremdung des Menschen.

Der Mensch entfremdet sich seiner Arbeit infolge der Industrialisierung und neuer Arbeitsformen mehr und mehr, was aber auch den Widerstand des Menschen formt. So verwundert es nicht, daß auch die Philosophie dieses Individuum, das in der Welt seine Rolle neu bestimmen will und muß, in den Mittelpunkt stellt.

In dieser Situation kann nicht mehr der absolute Geist das Sein setzen – das muß wahrlich als Hirngespinst wirken –, sondern es sind die materiellen Verhältnisse, die das Sein und die Existenz des Menschen bestimmen.

Die Philosophie begibt sich in die gesellschaftliche Praxis, in der der Mensch steht, in die Lebenspraxis.

Eine neue
gesellschaftliche
Ordnung entstand, die
das Aufkommen eines
freien, industriellen Unter-
nehmertums förderte,
(»Borsig«-Fabrik,
um 1847)

Was für viele Arbeit und
Elend war, bedeutete für
wenige Eigentum und
Reichtum. Doch soziale
Not und Entfremdung
formten den Widerstand
des Menschen.
(Käthe Kollwitz:
»Weiter«)

155

Ludwig
Feuerbach,
der erste
entschiedene
Kritiker Hegels,
setzte im
Gegensatz zur
idealistischen
Vernunft-
erkenntnis auf
die Sinnlichkeit
des Menschen
als Quelle von
Erkenntnis.

Der Mensch ist, was er ißt – Feuerbach

»Die Philosophie soll das ganze Wesen des Menschen in sich fassen«, sagt einer der ersten entschiedensten Kritiker Hegels, Ludwig Feuerbach (1804–1872). Mit ihm betritt ein Denker die philosophische Szene, der nicht als professoraler Verkünder eines Systems vom Katheder einer Universität seine Gedanken und seine Kritik in die Öffentlichkeit bringt, sondern als philosophischer Schriftsteller, was für alle bedeutenden Philosophen der zweiten Hälfte des 19. Jahrhunderts zutrifft.

1830 erscheint Feuerbachs Schrift »Gedanken über Tod und Unsterblichkeit«, die verboten wird und Feuerbach für immer den Zugang zu einer Professorenlaufbahn verstellt.

Die gesamte idealistische Philosophie tut so, als sei »unser Kopf ein außerweltliches Ding«, sagt Feuerbach. Die abstrakten Denker setzen »das Wesen des Menschen außer den Menschen«, was ihn sich selbst entfremden muß. Demgegenüber behauptet Feuerbach »Der Mensch ist, was er ißt«, womit er sagen will, daß den Menschen das ausmacht, was er von der Materie, der Natur aufnimmt und durch seine Sinnlichkeit zu Gedanken formt. »Das Wesen, in dem die Natur ein persönliches bewußtes verständiges Wesen wird, heißt bei mir der Mensch.« Es ist die Sinnlichkeit, seine Leiblichkeit und Weltlichkeit, die Erkenntnis schafft. »Aus der Passion, als der Quelle aller Lust und Not erzeugt sich der wahre objektive Gedanke«, dies ist der Weg der Erkenntnis, mit dem Feuerbach einen neuen *Materialismus* begründet, der aber zugleich Geburt einer neuen *Anthropologie* (Wissenschaft vom Menschen überhaupt) ist, weil er den sinnlichen Menschen als Erkennenden und Zuerkennenden festsetzt.

»Das Denken ist aus dem Sein, aber das Sein

Sinnlichkeit als Wesen des Menschen

156

nicht aus dem Denken« ist die Erkenntnis, die für Marx und Engels wesentlicher Ausgangspunkt für ihre Philosophie wird. Engels wird die »befreiende Wirkung« vom Idealismus betonen, die die Philosophie Feuerbachs gehabt hat.

Wenn Feuerbach den Menschen in den Mittelpunkt jeder Erkenntnis und jedes Erkennens setzt, der Materialismus nur das konkrete Diesseitige gelten läßt, welchen Platz soll dann noch ein Gott einnehmen? Gott sei nur ein Phantasieprodukt des Menschen, das er sich schaffe, denn »was der Mensch nicht wirklich ist, aber zu sein wünscht, das macht er zu seinem Gotte oder das ist sein Gott«. Gott ist also wie das Jenseits einzig pure Idee und daher für Feuerbach nicht existent, was ihn zu dem ersten ausdrücklich atheistischen Philosophen macht. *Gott – ein Produkt der Phantasie*

Feuerbachs Materialismus, eine Lehre, die er selbst in »Zwei Worte Natur und Mensch« zusammenfaßt, gibt Karl Marx die Stichworte für seine Philosophie, die in den »Thesen zu Feuerbach« von 1845 einen ersten klaren Ausdruck findet.

Das Sein bestimmt das Bewußtsein – Marx/Engels

»Alles gesellschaftliche Leben ist wesentlich praktisch. Alle Mysterien (Geheimnisse, Rätsel, der Verf.) ... finden ihre rationelle Lösung in der menschlichen Praxis und in dem Begreifen dieser Praxis.« Ausgangspunkt jeglicher Erkenntnis ist also für Karl Marx (1818–1883) die menschliche Tätigkeit, und das Begreifen dieser Tätigkeit ist Philosophie, wie er in jener 8. der »Thesen zu Feuerbach« (1845) feststellt. Auch Feuerbach hatte das sinnliche Sein des Menschen als Quelle von Erkenntnis begriffen, aber Marx geht in der Kritik an ihm weiter, indem er in der 5. These sagt, daß Feuerbach diese Sinnlichkeit nicht als »prak- *Praxis*

Karl Marx wollte Hegel »vom Kopf auf die Füße« stellen. An die Stelle des Bewußtseins, also der Idee, setzte er das Sein, also die materiellen Verhältnisse.

tische menschlich-sinnliche Tätigkeit« aufgefaßt habe.

Ist die Lösung aller Geheimnisse die Praxis und ihr Begreifen, so hat das auch eine Philosophie zur Folge, die selbst praktisch ist.

Und in der 11. These folgt dann der Satz, der vermeintlich das *Ende der Philosophie* verkündet:

»Die Philosophen haben die Welt nur verschieden interpretiert, es kömmt darauf an, sie zu verändern.« In Wirklichkeit bedeutet das aber die Forderung nach einer Philosophie, die nicht noch eine weitere idealistische Deutung von Welt konstruiert, sondern eingreift in den Lauf der Welt, die ihre Praxis mit der Praxis der Politik verbindet.

Diese Einheit philosophischer Praxis und politischer Tätigkeit macht nicht nur einen Wesenszug dessen aus, was man dann nach Marx den *Marxismus* nennt, sondern sie ist wesentlich für das Leben von Karl Marx selbst und von Friedrich Engels (1820–1895). Karl Marx ist in Trier als Sohn eines jüdischen Rechtsanwalts geboren. Während

Der Fabrikantensohn Friedrich Engels gab 1848 zusammen mit Karl Marx das »Kommunistische Manifest« heraus.

Materialismus

Der Materialismus drückt im Gegensatz zum Idealismus die Anschauung aus, daß die Materie (der Stoff) die Substanz ist, die die Welt ausmacht. Sie ist vor aller sinnlichen Erfahrung vorhanden. Zu der Materie tritt der Mensch in ein Verhältnis. Sie formt ihn und der Mensch formt sie durch den dialektischen Zusammenhang.

Begründet hat den Materialismus der griechische Philosoph Demokrit, der die Wirklichkeit aus unzähligen Grundelementen, den Atomen, zusammengesetzt sieht. Der Materialismus Feuerbachs beschreibt das Verhältnis des Menschen zur Materie. Hieraus entwickeln Marx und Engels ihren dialektischen und historischen Materialismus, der besagt, daß die materielle Basis die Grundlage für die Gesamtheit der Lebensverhältnisse ist und sich in Widersprüchen, also dialektisch, als auch im Laufe der Geschichte entwickelt. Daher kommen Marx und Engels zu dem Schluß, daß das materielle Sein das Bewußtsein bestimmt, welches dann wieder auf die materielle Basis einwirkt und sie verändert, das veränderte Handeln (Praxis) wieder verändernd auf das Denken (Theorie) einwirkt usw.

Frühling   Sommer   Herbst

Die Karikatur »Der deutsche Michel« verspottet das Abflauen der revolutionären Bewegung von 1848.

des Studiums in Berlin löst er sich erst vom Einfluß Hegels, als er die Schriften von Feuerbach entdeckt. Marx wird Redakteur der Rheinischen Zeitung in Köln, muß aber wegen Schwierigkeiten mit der Zensur nach Paris ins Exil, wo er den Fabrikantensohn Friedrich Engels aus Barmen kennenlernt, der in England aufgrund eigener Beobachtungen in Kohlegruben und Fabriken »Die Lage der arbeitenden Klassen« beschrieben hatte. 1845 muß Marx Paris verlassen, geht nach Brüssel, wo er mit Engels das »Kommunistische Manifest« (1848) verfaßt. Es ist die erste programmatische Erklärung der kommunistischen Bewegung. Wenig später läßt er sich in London nieder, wo er 1864 die »Erste Internationale«, die eine Vereinigung der internationalen Arbeiterassoziation ist, gründet. Da Marx und Engels erkannt haben, daß die Ökonomie der entscheidende Faktor der Wirklichkeit ist, widmen sie sich ihr nun verstärkt. Karl Marx schreibt »Die Kritik der politischen Ökonomie« und »Das Kapital«, dessen erster Band 1867 erscheint.

Wissenschaft und Politik sind im Leben von Marx und Engels zu einer einzigen Tätigkeit geworden.

Ihre Philosophie bedeutet einen radikalen Bruch mit jeglicher idealistischen Philosophie,

wie er in ihrer Schrift »Deutsche Ideologie«
(1846) zum Ausdruck kommt.

Feuerbach gab in seiner Kritik an Hegel das
Stichwort mit der Feststellung, daß das Denken
aus dem Sein stamme, und anhand der Geschichte
der Menschheit kommen Marx/Engels zu dem
Schluß: »Das Bewußtsein kann nie etwas anderes
sein als das bewußte Sein und das Sein des Menschen ist ihr wirklicher Lebensprozeß ... Nicht
das Bewußtsein bestimmt das Leben, sondern das
Leben bestimmt das Bewußtsein.«

Im Materialismus Feuerbachs fehlt jedoch zwischen Materie und Bewußtsein die vorhandene
dialektische Beziehung. Diese *Dialektik,* deren
Entdeckung für Marx und Engels Hegels größte
Tat war, habe Feuerbach mit dem Bade der Kritik
an ihm ausgeschüttet, wie Engels es ausdrückt.

*G. Doré:
»Londoner
Elendsviertel«.
Im Stadtteil
Soho lebten
Marx und seine
Familie in
finanzieller Not,
hier mußten sie
Hunger und
Elend erfahren.*

Nicht aber Natur allein sei maßgebend in der Entstehung des menschlichen Bewußtseins, sondern es sei die sinnliche menschliche Tätigkeit, die Praxis, vor allem die der Arbeit als produktive Tätigkeit, die als Vermittlung zwischen Natur und Mensch verstanden wird. In dieser menschlichen Tätigkeit der Arbeit habe es aber irgendwann eine Teilung der Arbeit gegeben, aus der Eigentum hervorgegangen sei, was wiederum zur *Entfremdung* geführt habe, als einer sich des anderen Arbeit angeeignet habe. Entfremdung wurzelt also in der Trennung des Menschen vom Sinn und Produkt seiner Tätigkeit. Diese Entfremdung von Sinn und Tätigkeit führt auch zu einer »Entfremdung des Menschen von dem Menschen«, was sich hauptsächlich ausdrückt in der Bildung verschiedener *Klassen* in der Gesellschaft, nämlich die der abhängigen Lohnarbeiter (Proletariat) und die des Bürgertums (Bourgeoisie, Kapital). Die Menschen sind also gezwungen, in ihrer Geschichte bestimmte *Produktionsverhältnisse* einzugehen. »Die Gesamtheit dieser Produktionsverhältnisse ist die ökonomische Struktur der Gesellschaft.« Und hier folgt nochmals der obige Satz in der abgewandelten Form: »Es ist nicht das Bewußtsein der Menschen, das ihr Sein bestimmt, sondern umgekehrt ihr gesellschaftliches Sein, das ihr Bewußtsein bestimmt.« In der Feststellung, daß das gesellschaftliche Sein die Gesamtheit der Produktionsverhältnisse ist, die die Menschen in ihrer Geschichte einzugehen gezwungen sind, drückt sich der Grundgedanke des »historischen Materialismus« aus, den Marx und Engels entwickelt haben.

Ihre Methode der Erkenntnis nennt sich »Dialektischer Materialismus«. Die Dialektik knüpft an Hegel an, kritisiert aber an ihr den Idealismus, der sich deutlich in dem Satz ausdrückt: »Was vernünftig ist, das ist wirklich, und was wirklich ist, das ist vernünftig.« Diese Feststellung, dialek-

Trennung von Sinn und Tätigkeit

Sein bestimmt Bewußtsein

tisch in der Aussage, schließt aber eigentlich Dialektik aus, weil sie den Ausbruch einer neuen Antithese, aus der eine qualitative Veränderung hervorgehen könnte, nicht zuläßt und nur den Hegel-
schen Abschluß seines Denkens markiert. Die
Dialektik ist für Engels aber die Wissenschaft von
den »allgemeinen Bewegungs- und Entwicklungs-
gesetzen der Natur, der Gesellschaft und des Denkens«, mit dem Ziel der »theoretischen und praktischen Aneignung der materiellen Welt«. Das
heißt, dialektische Philosophie als Praxis ist permanent in Bewegung, sie verwirklicht sich auf ei-

Rechte Seite: Durch die revolutionären Ereignisse von 1830 sah sich das Bürgertum vom Volk bedroht. In dem sich entwickelnden Positivismus mit dem Motto von Ordnung und Fortschritt fand es eine neue Ideologie. (E. Delacroix: »Die Freiheit führt das Volk auf die Barrikaden.«)

nem Weg: »Die Philosophie kann sich nicht verwirklichen ohne die Aufhebung des Proletariats, das Proletariat kann sich nicht aufheben ohne die Verwirklichung der Philosophie.« Diese doppelte Verwirklichung ist aber erst in einer Gesellschaft ohne Klassen möglich, im Kommunismus. »Dieser Kommunismus ist als vollendeter Naturalismus = Humanismus als vollendeter Humanismus = Naturalismus. Er ist die wahrhafte Auflösung des Widerstreits zwischen dem Menschen mit der Natur und mit dem Menschen, die wahre Auflösung des Streits zwischen Existenz und Wesen ... zwischen Freiheit und Notwendigkeit, zwischen Individuum und Gattung. Er ist das aufgelöste Rätsel der Geschichte und weiß sich als diese Lösung.« Was aber als Sozialismus seit der russischen Oktoberrevolution von 1917 real existiert, ist von dem aufgelösten Rätsel der Welt zumeist weit entfernt gewesen. Das hat spätestens der Niedergang des Sozialismus in Osteuropa am Ende der 80er Jahre gezeigt.

Nur der Fortschritt ist positiv – Positivismus

Ein weiterer Ausdruck ganz anderer Art der wirtschaftlichen und politischen Entwicklungen des 19. Jahrhunderts, die das Bürgertum zu Macht und Reichtum bringen, ist eine philosophische

Richtung, die sich in Frankreich und England entwickelt hat und »Positivismus« heißt.

Haupt-vertreter des Positivismus: der Franzose Auguste Comte.

In der Revolution von 1789 hatte das Bürgertum seine Macht begründet und sie dann weiter gefestigt, aber die revolutionären Ereignisse von 1830 bedrohten es von einer anderen Seite her, vom Volk, das 1789 noch zusammen mit dem Bürgertum auf den Barrikaden gestanden hatte. Gegen diese Bedrohung und die Unsicherheit sucht das Bürgertum eine Ideologie, die ihm sowohl Sicherheit bringt als auch Ausdruck seiner Tätigkeit ist, also positiv sein muß. Ordnung und Fortschritt heißt das Motto des *Positivismus*, den der Franzose Auguste Comte (1798–1857) entwickelt. In diesen beiden Wörtern kann sich das Bürgertum wiederfinden, nicht nur das des 19. Jahrhunderts, zumal ihnen das Kleid des Positiven angezogen wird. Der Positivismus, wie Comte ihn in seiner Schrift »Cours de philosophie positive« beschreibt, geht vom Gegebenen, vom Tatsächlichen aus, wie die Wahrnehmung es auffindet. Jegliche philosophische Spekulation, die darüber hinausgeht, ist abzulehnen, jede Frage nach dem Grund und dem Sinn dessen, was existiert, ist nicht positiv. Tatsachen statt Spekulation heißt die Devise. Denn positiv ist gleich nützlich, sozial und praktisch. Alle Erkenntnis der Dinge muß fruchtbar für den Fortschritt sein. »So besteht der wahre positive Geist darin, zu sehen, um vorauszusehen, zu erfahren was ist, um daraus auf Grund des allgemeinen Lehrsatzes von der Unwandelbarkeit der Naturgesetze das zu erschließen, was sein wird.«

Für den Fortschritt

Das Denken kann also nur Verbindungen zwischen den Tatsachen schaffen, um daraus dann den Fortschritt zu erschließen.

Drei Aufgaben hat so die Philosophie: eine Bilanz der Wissenschaften zu geben, eine positive Haltung daraus zu formen und Propaganda des

> ❗ Der Positivismus geht davon aus, daß die Philosophie allein die Aufgabe habe, das Gegebene (= das Positive), die Tatsachen, zu registrieren, zu ordnen und daraus allgemeingültige Handlungsweisen, Normen, aufzustellen. Er lehnt jegliche Metaphysik als Spekulation ab.
>
> Comte verbindet den Positivismus mit den Begriffen Ordnung und Fortschritt und begründet damit eine Philosophie, die sich als verwertbar anbietet, um nicht nur eine Ordnung in der Gesellschaft herzustellen und Probleme zu lösen, sondern um den Menschen auch zu einer Fortschrittsgläubigkeit zu verleiten. Der Neo-Positivismus und die Soziologie knüpfen an den Geist des Positivismus an.

Positiven zu betreiben. Dabei wird sie unterstützt
von der Soziologie, die bei Comte zuerst unter diesem Namen auftaucht und als eine Art soziale
Physik verstanden wird, die die Gesetze des geschichtlichen Lebens des Menschen beschreibt.

Die beiden Engländer John Stuart Mill
(1806–1873) und Herbert Spencer (1820–1903) geben dem Positivismus weitere Ansätze. Während
Mill in seinem »System der induktiven und de-
duktiven Logik« auch die Tatsachen des Bewußtseins erforscht und dem Positivismus die logische Methode an die Hand gibt, entwickelt
Spencer eine Theorie der *Evolution* (langsame
Veränderung im Gegensatz zur Revolution), die
Entwicklung und Fortschritt vereint.
Der Positivismus ist für die Geschichte des Bürgertums eine entscheidende gedankliche und
praktische Grundlage. Aus ihm entsteht ein Kult
der Erfahrung, ein Glaube an die Wissenschaft,
ein Kult des Fortschritts, der nicht mehr nach der
Notwendigkeit hinterfragt wird. Unterordnung

*Nicht
Rückschritt
(Krebs),
sondern
Fortschritt
(Lokomotive),
den Glauben
an seine
Notwendigkeit,
die Autorität der
Wissenschaft
fordert die
Philosophie des
Positivismus.*

167

Oben: J. V. Veber: Industriearbeiter als Maschinenmensch   Unten: A. P. Weber: »Rückgrat 'raus!«

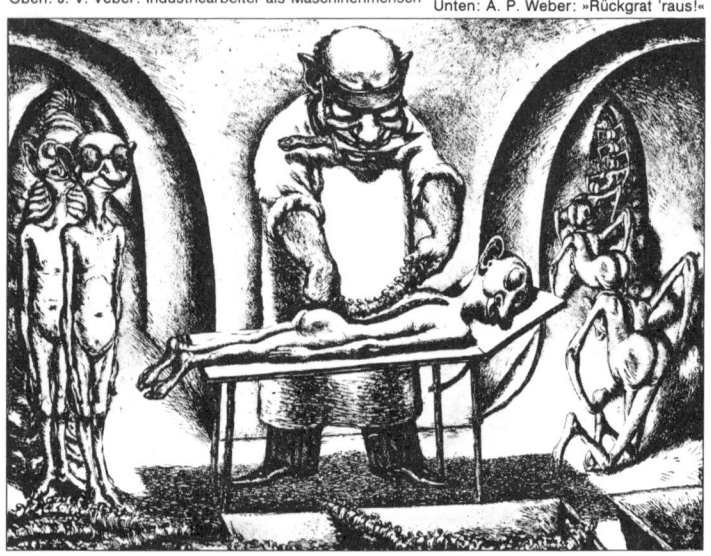

G. Grosz: »Einheitsfront«

G. Doré: »Bishopsgate Street«

Das 19. Jahrhundert war durch gewaltige wirtschaftliche und technische Entwicklungen geprägt. Die zunehmende Industrialisierung ließ die ökonomische Macht des Bürgertums erstarken. Es entstand eine neue gesellschaftliche Ordnung, in der der Kapitalismus die Wirklichkeit bestimmte. – Auf der anderen Seite entfremdete sich der Mensch durch den Einsatz von Maschinen und Verschärfung der Arbeitsteilung zusehends vom Sinn und Produkt seiner Tätigkeit, was wiederum zur »Entfremdung des Menschen von dem Menschen« führte.

Der entfremdete Mensch

des Individuums unter die Gesellschaft, eine hierarchische Struktur und die Paarung von Fortschritt, Ordnung und Staat sind die Folge. Mit der Begründung der Notwendigkeit von Fortschritt und Ordnung setzt der Positivismus auch die Normen der Gesellschaft. Seine Philosophie kann als geistiger Polizist auch in der Selbstzensur des Menschen gegen jede Abweichung von diesen Normen fungieren, denn wer stellt sich schon gern gegen das Positive. Die Philosophie des Positivismus ist wohl diejenige, die am ungebrochensten die letzten gut einhundertvierzig Jahre überdauert hat.

Lesehinweis

Comte, Auguste: *Rede über den Geist des Positivismus,* Hamburg 1979

Feuerbach, Ludwig: *Grundsätze der Philosophie der Zukunft,* Tübingen 1984

Marx, Karl: *Die Frühschriften,* Stuttgart 1971

Marx, Karl / Engels, Friedr.: *Studienausgabe-Bd. 1 Philosophie,* Frankfurt 1966

Der verzweifelte
Blick auf die Welt

**Das Positive denken jene drei Philosophen sicher
nicht, die die Philosophie des 19. Jahrhunderts
abschließen. Weil sie die Krise des bürgerlichen
Menschen denken, reichen die Ideen Schopenhauers, Kierkegaards und Nietzsches weit in unser Jahrhundert hinein. Sie reagieren auf die
Krise, die den Menschen ergriffen hat, als die
neuen Entwicklungen des Jahrhunderts beginn-
nen, seine bisherigen Versuche von Identität in
Frage zu stellen. Ihre Philosophie sind die Fragen
des Individuums, das nicht mehr weiß, welche
Rolle es in der Gesellschaft spielen soll. Der
Mensch fühlt sich der Welt entfremdet. Theoretisch begründet hat diese Entfremdung Karl Marx
und eben auch festgestellt, daß die Menschen
sich untereinander zunehmend fremd werden,
was sich sogar zur »Furcht vor dem Menschen«
(Schopenhauer) ausweitet, daß gar »Der Weisheit Anfang« in ihr vermutet wird.**

Aufgrund der Veränderung der Welt durch die
neue Entwicklung der sich industrialisierenden
Gesellschaft haben Marx und Engels die Forderungen aufgestellt, der Mensch müsse vom Sein
her ein neues Selbstbewußtsein entwickeln, das
dann eine Welt schafft, in der die Entfremdung
der Menschen und der Menschen untereinander
aufgehoben wird.

Die Antworten Schopenhauers, Kierkegaards
und Nietzsches sind *subjektive Anschauungen*, sie
haben sich der Negativität und Sinnlosigkeit der
Welt ergeben oder wollen in der Übertretung von

Edvard Munchs Bild »Angst« zeigt den Menschen, der durch die neuen Entwicklungen des 19. Jahrhunderts in eine Krise geraten ist: er fühlt sich der Welt entfremdet, mehr noch, er hat, wie Schopenhauer es ausdrückt, »Furcht vor dem Menschen«.

allem, was bisher gültig gewesen ist, eine eigene Welt schaffen, die jenseits aller bisherigen Erfahrungen von Gut und Böse liegt.

Leben ist Leiden am Leben – Schopenhauer

»Woher überhaupt der große Mißton, der die Welt durchdringt?« ist die beherrschende Frage, die sich Arthur Schopenhauer (1788–1860) stellt.

»Unser Dasein hat keinen Grund und Boden, darauf es fußte, als die dahinschwebende Gegenwart«, schreibt Schopenhauer in der Schrift »Nachträge zur Lehre von der Nichtigkeit des Daseins«, und fährt in der Beschreibung des Gefühls der Entfremdung und Desorientierung des Menschen fort: »In einer solchen Welt, wo keine Stabilität irgendeiner Art, kein dauernder Zustand möglich ist, sondern alles in rastlosem Wirbel und Wechsel begriffen ist, alles eilt, fliegt, sich auf dem Seile durch stetes Schreiten und Bewegen aufrechterhält – läßt Glückseligkeit sich nicht einmal denken... Versucht man, die Gesamtheit der

Die Welt ist für Arthur Schopenhauer eine Hölle, in der »die Menschen einerseits die gequälten Seelen und andererseits die Teufel« sind. (St. Lochner: »Jüngstes Gericht«)

Schon in seiner Jugend grübelte Schopenhauer viel über das menschliche Unglück nach. Und er kam zu der Einsicht: »Das Leben ist eine mißliche Sache – ich habe mir vorgenommen, das meinige damit hinzubringen, über dasselbe nachzudenken.«

Menschenwelt in einem Blick zusammenzufassen: So erblickt man überall einen rastlosen Kampf.«

Die Welt ist für Schopenhauer zur Hölle geworden, in der »die Menschen einerseits die gequälten Seelen und andererseits die Teufel« sind. Warum aber nun der große Mißton in der Welt? Weil der Mensch mit seinem Intellekt, dem blo-

ßen Willenswerkzeug, überall an unauflösliche Probleme wie »an die Mauer unseres Kerkers« stößt. Der verzweifelte Blick auf die Welt und die daraus resultierende melancholische Grundhaltung, die sich in den Schriften Schopenhauers ausdrückt, muß schon in der Kindheit angelegt worden sein, wird doch berichtet, daß seine Mutter, die Schriftstellerin Johanna Schopenhauer, ihn

Rechte Seite:
Erste
handschriftliche
Manuskriptseite
Schopenhauers
zu seinem 1819
erschienenen
Werk »Die Welt
als Wille und
Vorstellung«.

immer wieder ermahnen mußte, nicht so viel über das menschliche Unglück zu grübeln.

Arthur Schopenhauer stammt aus einer reichen Kaufmannsfamilie Danzigs. Der Vater stirbt früh, mit der Mutter überwirft Schopenhauer sich, reist dann viel durch die Welt und wird schließlich nach Selbststudium Dozent an der Universität Berlin. Dort legt er seine Vorlesungen aus übertriebenem Ehrgeiz auf die gleiche Zeit wie die Hegels, mit der Folge, daß niemand zu ihm kommt. Von da an sind ihm alle Philosophieprofessoren ein Greuel, er selbst läßt sich als freier Schriftsteller mit einem geerbten Vermögen in Frankfurt nieder. Dort lebt er völlig zurückgezogen, nur mit seinem Pudel, den er mit »Mensch« anredet.

Schopenhauers Hauptwerk »Die Welt als Wille und Vorstellung« erscheint schon 1819, seine tief pessimistischen Schriften schreibt er in den späteren Jahren. Erst gegen Ende seines Lebens wird er beachtet und viel gelesen, besonders seine »Aphorismen zur Lebensweisheit« (1851).

Welt als Erscheinung

»Die Welt ist meine Vorstellung – dies ist eine Wahrheit, welche in bezug auf jedes lebende und erkennende Wesen gilt«, so beginnt das Hauptwerk der Philosophie Schopenhauers. Wenn nur existiert, was der Mensch sich vorstellt, so ist die Welt also ein Objekt des Subjekts, das so »Träger der Welt« wird. Der Mensch kennt keine Sonne, »sondern nur ein Auge, das die Sonne sieht«, verdeutlicht er seine These. Die Formen dieser Erkenntnis sind die drei Kategorien *Raum, Zeit* und *Kausalität*, wobei die letztere ausschlaggebend ist, weil sie die Erfahrungswelt mit der Vorstellung verknüpft und so die Verbindung aller Vorstellungen ermöglicht. Sie ist der Schlüssel zum Wesen der Welt. Gibt es nun ein Wirkliches hinter diesem Wirklichen, was uns in der Vorstellung erscheint, so verschließt es sich dem Menschen, wie ein Zimmer mit der Aufschrift »Zutritt verboten«. Jeder Mensch besitzt aber ein Werkzeug, es zu öffnen,

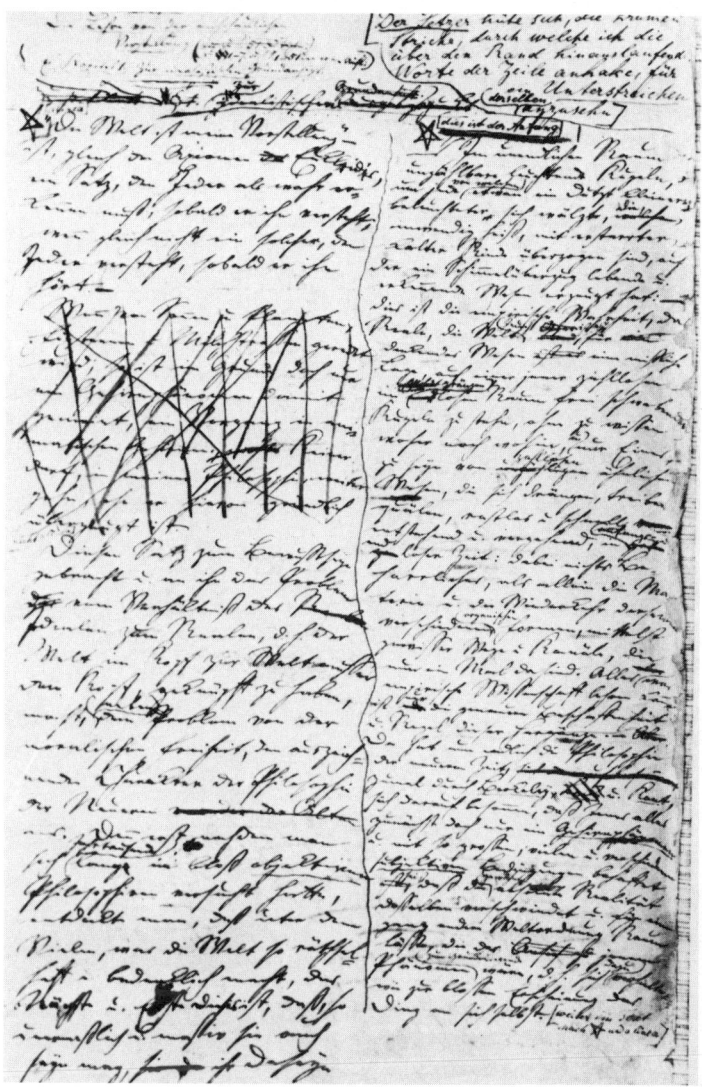

und das ist der *Wille*, der »des eigenen Leibes Wesen an sich« ist. Er ist das »Ding an sich«, das Kant, auf den sich Schopenhauer häufig bezieht, nicht zu erkennen sich fähig glaubt.

Der Wille ist nur er selbst, er ist *ziel- und zwecklos*, ohne Grund. »Keine auf der Welt mögliche Befriedigung könnte hinreichend sein Verlangen stillen, seinem Begehren ein endliches Ziel zu setzen und den bodenlosen Abgrund seines Herzens auszufüllen.« Er ist also dazu verdammt zu existieren, und zwar ohne ein Ziel, ohne seine Sehnsucht zu befriedigen. Und hier liegt der Grund des Mißklangs in der Welt, der »schlechtesten aller Welten«, denn Dasein ist sinnlos, es gibt kein Ziel, keine Heimat für den Menschen. Leben ist Schmerz, Sorge und Unlust. Der Mensch strebt, kommt aber nirgends an, er drängt nur den Tod zurück, der dennoch unausweichlich am Ende steht. Das Nichts ist am Ende die einzige Offenba-

Zielloses Existieren

Nihilismus

Der Nihilismus verneint einen Sinn von Sein und leugnet die Möglichkeit, Wahrheit zu finden. Die einzige Wahrheit ist das Nichts (lat. nihil). Schopenhauer und besonders Kierkegaard begründen die Ansicht der extremen Sinnlosigkeit von Existenz. Gleichzeitig strebt das nihilistische Denken immer danach, sich selbst zu überwinden, denn der Mensch hält die Sinnlosigkeit seines Seins nicht lange aus. Für Nietzsche ist der Nihilismus eine Durchgangsstation, in der alle Werte entwertet werden, worauf dann ein neuer, ein anderer Mensch eine Tafel neuer Werte jenseits von Gut und Böse aufstellt.

Heidegger sieht in der Offenbarung des Nichts als unheimlichster aller Gäste die Möglichkeit für den verwegenen Menschen, das Nichts zu nichten, dessen Platz einzunehmen, also Platzhalter des Nichts zu werden.

In der momentanen Versenkung in die Kunst, deren höchste Form für Schopenhauer die Musik ist, kann der Mensch der Hölle der Realität entfliehen.

rung des Lebens. Nur wenn der Mensch den Willen und sein ewiges Streben *verneint*, findet er einen Hauch von Freiheit, der in der momentanen Versenkung in die Kunst besteht, in der man die Hölle der Realität vergessen kann. Hier ist ein interesseloses Schauen möglich, hier tut sich ein momentanes Reich der Freiheit auf. Die höchste Form der Kunst ist für Schopenhauer die *Musik*, die die tiefste Versenkung möglich macht. Gänzlich ist die Verneinung des Willens, seine Abtötung, nur in der Entsagung, der absoluten *Askese* möglich. In ihr erreicht der Mensch die höchste Vergegenständlichung (Objektivation), ein Nicht-Sein. Doch wer ist zu dieser Askese fähig? Im Grunde sind Welt und Mensch »etwas, das eigentlich nicht sein sollte ... Man kann unser Leben auffassen als eine unnützerweise störende Episode in der seligen Ruhe des Nichts«.

Entsagung

Ein Abgrund von Pessimismus tut sich da auf, den die Philosophie bis hierhin nicht gekannt hat.

Die Angst im Dasein –
Kierkegaard

»Der entsetzlichste Sinn ist für mich nicht so entsetzlich wie die Sinnlosigkeit.« Diese Erkenntnis Sören Kierkegaards (1813–1855) ist ein womöglich noch tieferer Ausdruck der Verlorenheit und des Pessimismus des Menschen in der Mitte des 19. Jahrhunderts. »Man steckt den Finger in die Erde, um zu riechen, in was für einem Land man ist. Ich stecke den Finger ins Dasein: es riecht nach gar nichts. Wo bin ich? Was will das heißen:

Verzweifelte Fragen

Welt? Was bedeutet dieses Wort? Wer hat mich in das Ganze hineingelockt und läßt mich nun da stehen? Wer bin ich? Wie kam ich in die Welt, warum wurde ich nicht gefragt..., sondern ins Glied gestellt, als wäre ich von einem Seelenverkäufer gekauft? Wie wurde ich Interessent in der großen Entreprise, die man Wirklichkeit nennt? Warum soll ich Interessent sein? Ist das keine freie Sache? Und wenn ich dazu genötigt werde, wo ist dann der Dirigent, dem ich eine Bemerkung machen könnte? Gibt's da keinen Dirigenten? Wohin soll ich mich mit meiner Klage wenden?« Nur noch Fragen, auf die einzig die Verzweiflung abwesender Gewißheit antwortet. »Die gegenwärtige Zeit ist die Zeit der Verzweiflung«, denn ihr fehle, meint Kierkegaard, die Leidenschaft des existierenden Menschen. Sie baue allein auf die Herrschaft der Verständigkeit, auf das, was positiv begründbar sei.

Wo aber ist da noch ein Platz für den existierenden Menschen, den nicht nur so existierenden, sondern den, der seine Existenz denkend durchdringen will? Diese Frage ist es, die Kierkegaard lebenslänglich bedrängt. »Ich bin eher ein Mensch, wie er in einer Krisis notwendig werden könnte: ein Versuchskaninchen sozusagen für das Dasein.«

Zwei Ereignisse in seiner Jugend sind für Kier-

kegaard so entscheidend gewesen, daß sie ihm bis
zum Tod beharrlich nachlaufen. Das eine ist, daß
sein Vater, als er in einem Dorf Jütlands die Kühe
hütete, Gott verfluchte. Dieser Fluch laste nun auf
dem Sohn, meint Kierkegaard. Das andere Ereignis ist die Ver- und Entlobung mit einem Mäd-
chen aus Kopenhagen. Drei Jahre nachdem er
sich in sie verliebt hatte, verlobt er sich mit ihr.
Zwei Tage später hat er nur noch den Gedanken
sich zu entloben. Weil er sich als unentwegter
Grübler weiß, meint er, nie heiraten zu dürfen. Er
führt von nun an vor den Augen des Mädchens
ein Leben voller Ausschweifungen. Da sie aber
nicht selbst die Verlobung löst, bricht er die Beziehung schroff ab; seine Liebe jedoch dauert bis
zum Tod.

Kierkegaard im Cafe. Nach außen zeigte sich der Däne als Dandy, führte ein Leben voller Ausschweifungen. Doch seine Angst und Schwermut konnte er damit nicht überspielen.

»Das ganze Dasein ängstigt mich; es ist mir alles unerklärlich, am meisten ich selbst.« Kierkegaard überspielt die Schwermut, er ist der Dandy der Gesellschaft Kopenhagens. Aber auch das schützt ihn nicht vor der Einsamkeit, vor dem Einzeln-Sein, dem niemand beistehen kann. Er schreibt seine »Philosophischen Brocken«, seine »Krankheit zum Tode« auf, obwohl er lieber schweigen möchte, denn er hat kein Vertrauen in die Wörter. Trost gibt ihm nur seine Religiosität, die aber nur eine zeitweilige Zwiesprache mit Gott als Christus sein kann. Über diese individuelle Art des Religiösen gerät Kierkegaard in eine heftige Polemik mit der Kirche der Beamten, die er in Flugschriften attackiert.

Darüber geht auch seine »Krankheit zum Tode« zu Ende. Kierkegaard stirbt mit 42 Jahren.

Existieren, sagt Kierkegaard, sei ohne Leidenschaft nicht möglich, abstrakt denken dagegen wohl. Und hier beginnt seine Kritik an Hegel und an der idealistischen Philosophie. Sie habe zwar Aussagen getroffen über das Ding an sich, aber über das Sein als Existieren des einzelnen Menschen, über die Leiden-schaft Existenz, habe sie kein Wort verloren. »Was Wirklichkeit ist, kann in der Sprache der Abstraktion nicht angegeben werden.« Deshalb seien es nur Chimären (Hirngespinste), die die abstrakten Denker in die Welt gesetzt hätten. »Existieren, denkt man, sei nichts Besonderes, geschweige denn eine Kunst, wir existieren ja alle; aber abstrakt denken, das ist was. Aber das in Wahrheit existieren, also mit Bewußtsein seine Existenz durchdringen, zugleich ewig gleichsam weit über sie hinaus sein und doch in ihr gegenwärtig und doch im Werden: das ist wahrlich schwierig.« Die griechischen Denker hätten noch Existenz und Denken miteinander verbinden können. Da der idealistische Philosoph Existieren und Denken nicht zur Einheit führen könne, sei er auch nicht in der Lage, Wirklichkeit

Die Angst erwächst nach Kierkegaard dadurch, daß der Mensch stets zwischen Möglichkeiten zu entscheiden hat. Da der Mensch jede Möglichkeit einzeln durchstehen muß, gerät er in Krisen, in Verzweiflung. Die Angst aber erschließt ihm auch die Möglichkeit der Freiheit. (E. Munch: »Der Schrei«)

zu erfassen. Denn wer vom Denken nur auf das Dasein schließe, der nehme das wirkliche Dasein weg.

Was wirklich ist, ist einzig die »Existentia« oder *daß* etwas ist. In diesem *Daß*, daß nämlich überhaupt etwas ist, also existiert, liegt die ganze Wahrheit, denn wenn dieses »daß etwas ist« nicht wäre, wäre ja nur nichts. Auf diesen Grundgedanken Kierkegaards werden dann die existentialistischen Philosophen des 20. Jahrhunderts zurückkommen. Daß es also Wirklichkeit überhaupt

gibt, daß etwas existiert, ist für den Existierenden
sein höchstes Interesse, denn ihm verdankt er sein
Da-Sein. »Für den Existierenden ist das Existieren sein höchstes Interesse, und die Interessiert-
heit am Existieren die Wirklichkeit. Was aber ist
nun das ›daß etwas existiert‹?«

Es ist die *Möglichkeit*, sagt Kierkegaard. »Jedes
Wissen um Wirklichkeit ist Möglichkeit.« Ihm
muß also eine Entscheidung eines Entweder-Oder
folgen, die das Interesse des Menschen am eigenen Existieren, in dem sich die Leidenschaft des
Menschen ausdrückt, beweist. Diese Entscheidung ist eine Forderung der Ethik, wobei Ethik
hier die des einzelnen Menschen meint. Diese permanente Möglichkeit eines Sprungs in das Entweder-Oder macht dem Menschen Angst, die Existenz gerät in Krisen, in die Abgründe der Ver-

zweiflung, denn in jeder Möglichkeit ist der Mensch einzeln, es steht ihm bis zum Tod keiner bei. In dieser Angst vor dem Wahnsinn der Verzweiflung greift der Mensch immer wieder auf ein System zurück, das ihm Sicherheit verspricht. Damit verspielt er aber auch seine Möglichkeit, die »Leidenschaft der Unendlichkeit«, die wahre Freiheit bedeutet.

Unter der Angst vor den Möglichkeiten gibt es für Kierkegaard drei Stufen des Daseinsprozesses, die *ästhetische*, die *ethische* und die *religiöse* Sphäre. Die ästhetische Sphäre ist die der Unmittelbarkeit der untätigen, nur genießenden Anschauung, die am Ende jedoch nur Leere hinterläßt. Die ethische Sphäre ist die der unbedingten Forderung an den Menschen nach der entscheidenden Tat, die aber so groß ist, daß der Mensch eigentlich nur scheitern und verzweifeln kann. So kann er in dieser Sphäre nicht er selbst werden. In der religiösen Sphäre öffnet sich ihm dann eine neue Möglichkeit, die der persönlichen Zwiesprache mit Gott als Christus, der die Synthese von Existenz und Wahrheit vorgelebt hat. In diesem Zwiegespräch versucht der Mensch seine Sehnsucht zu stillen. Aber dies ist eben nur ein Versuch, der ihm hilft, die Sinnlosigkeit der Existenz auszuhalten, die die »Krankheit zum Tode« in sich birgt. Über diese endliche Sinnlosigkeit, die entsetzlicher als der entsetzlichste Sinn sei, könne der Mensch im Grunde Worte nicht mehr finden, und so kommt Kierkegaard zu dem Schluß: »Nur wer schweigt, sagt etwas.«

»Stadien auf dem Lebensweg«

Der Mensch muß überwunden werden – Nietzsche

»Herauf abgründlicher Gedanke, aus meiner Tiefe! Ich bin Dein Hahn und Morgengrauen, verschlafener Wurm: auf! auf! Meine Stimme soll

Dich schon wach krähen!... Mein Abgrund redet, meine letzte Tiefe habe ich ans Licht gestülpt.« Nicht Schweigen, eine andere, in der Philosophie nie gehörte Sprache ist es, in der hier Friedrich Nietzsche (1844–1900) in »Also sprach Zarathustra« redet. Nicht wer schweigt, sagt hier etwas, sondern wer anders redet.

Als Zertrümmerer jeder Gewißheit, als Philosoph, der »mit dem Hammer philosophiert«, versteht sich Nietzsche. In der Autobiographie »Ecce homo« (1888) beschreibt er sein philosophisches Tun: »Goetzen (mein Wort für Ideale) umwerfen – das gehört zu meinem Handwerk.«

»Goetzen umwerfen«

Wie Kierkegaard geht auch Nietzsche von einer Kritik der Sprache aus, die die idealistische Philosophie bisher benutzt hat, einer Sprache, die sich in der Bildung von Begriffen äußert. »Daß die einzelnen philosophischen Begriffe nichts Beliebiges... (sind, der Verf.), sondern... einem System angehören... das verrät sich zuletzt noch darin, wie sicher die verschiedensten Philosophen ein gewisses Grundschema von möglichen Philosophien immer wieder ausfüllen. Unter einem unsichtbaren Banne laufen sie immer von neuem noch einmal dieselbe Kreisbahn:... irgend etwas in ihnen führt sie, irgend etwas treibt sie in bestimmter Ordnung hintereinander her, eben jene eingeborene Systematik und Verwandtschaft der Begriffe... Gerade wo Sprachverwandtschaft vorliegt, ist es gar nicht zu vermeiden, daß dank der gemeinsamen Philosophie der Grammatik... von vorneherein alles für eine gleichartige Entwicklung und Reihenfolge der philosophischen Systeme vorbereitet liegt: ebenso wie zu gewissen anderen Möglichkeiten der Welt-Ausdeutung der Weg wie abgesperrt erscheint.«

In den Konstruktionen des Denkens sieht Nietzsche also eine gemeinsame Sprache am Werk, die den individuellen Menschen mit seiner ureigenen Sprache der inneren Bewegung, einer

Sprache ohne konstruierte Begriffe, die eigentlich ein Schrei ist, ausschließt. Die bisherigen Wahrheitssucher, Wahrheitskonstrukteure haben »alle großen Begriffe in der Hand«. Die Sprache werde so zum Machtmittel, das auf »Verleumdung des Lebens aus« sei. »Das Herrenrecht Namen zu geben geht so weit, daß man sich erlauben sollte, den Ursprung der Sprache selbst als Machtergreifung der Herrschenden zu fassen: sie sagen ›das ist das und das‹, sie siegeln jegliches Ding und Geschehen mit einem Laute ab und nehmen es dadurch gleichsam in Besitz.«

Friedrich Nietzsche

Das andere Denken muß so folgerichtig auch eine andere Sprache hervorbringen. Und Nietzsches Philosophie, die er selbst die der Zukunft nennt, äußert sich in einer anderen Sprache und einer anderen Umgebung. Seine Philosophie singt und tanzt, schreit und schweigt. Sie ist eine der Gestik, eine des Körpers: »Singend und tanzend äußert sich der Mensch.« »Mein Stil ist der

Nietzsches Philosophie ist eine der Leidenschaft, der Ekstase, des Tanzes: »singend und tanzend äußert sich der Mensch«.

187

Tanz«, bekennt Nietzsche und stellt in der Schrift »Fröhliche Wissenschaft« (1882) fest: »Im Freien zu denken, gehend, springend, steigend, tanzend, am liebsten auf einsamen Bergen oder dicht am Meere, da wo selbst die Wege nachdenklich werden.«

Nietzsche versteht seine Philosophie als eine des Leibes, als eine des Ausdrucks wahren Lebens, als eine »fröhliche Wissenschaft«. »Jenes Streben ins Unendliche, der Flügelschlag der Sehnsucht«, der aus dem Körper dringt, wenn er nicht durch die über zweitausend Jahre alte Zensur durch die Vernunft und das Wort gebremst ist, führt Nietzsche auf die Figur des Dionysos aus der griechischen Mythologie zurück. »Ich bin ein Jünger des Philosophen Dionysos« bekennt er in »Ecce homo«, seiner Selbstbiographie.

Jünger des Dionysos

Friedrich Nietzsche wird 1844 als Sohn eines Pfarrers in Sachsen geboren; der Vater stirbt, als der Junge fünf Jahre alt ist. Schon in der Schule interessiert er sich besonders für die griechische Mythologie und Geschichte, und hier dürfte der Ursprung seines Interesses für Dionysos liegen. Er studiert dann Altphilologie und wird mit 24 Jahren Professor der Philologie in Basel. Er schreibt »Die Geburt der Tragödie aus dem Geiste der Musik« (1872), in der Nietzsche zwei Elemente gegenüberstellt, die das Verhältnis des Menschen zur Welt bestimmen. Es ist zum einen das *apollinische* Element, genannt nach dem griechischen Gott Apollo, das den Menschen durch die Bilderwelt von Schein und Traum in eine Distanz zur Welt setzt, indem es ihn drängt nach Maß, Ordnung, Harmonie zu streben, so daß er als Realist die von ihm abgespaltene Welt gestaltet. Zum anderen ist es das *dionysische* Element, genannt nach dem Gott Dionysos, das den Menschen wieder mit der von ihm abgespaltenen Welt versöhnt und eint, indem es ihn im Rausch und in der Ekstase sein eigenes Wesen erfahren läßt. Der

Mensch gestaltet nicht mehr die Welt, er ist die Welt. »Der Mensch ist nicht mehr Künstler, er ist Kunstwerk geworden.«

1879 muß er seine Professur in Basel aus gesundheitlichen Gründen aufgeben. Die folgenden Jahre verbringt er an verschiedenen Orten in Italien, der Schweiz und Deutschland. 1883 schreibt er sein wichtigstes Buch »Also sprach Zarathustra – ein Buch für alle und keinen«. Schwerkrank lebt er die letzten Jahre in Jena und Weimar, wo er im Jahr 1900 an der Schwelle zum neuen Jahrhundert, für das seine Philosophie der Zukunft bestimmt ist, stirbt.

Warum bezeichnet Nietzsche sein Denken selbst als eine Philosophie der Zukunft? Als er sein Buch »Jenseits von Gut und Böse – Vorspiel einer Philosophie der Zukunft« (1886) an Malwida von Meysenburg schickt, schreibt er ihr dazu: »Verzeihung. Sie sollen es nicht etwa lesen ... Nehmen wir an, daß es gegen das Jahr 2000 gelesen werden darf.« Von diesem Jahr 2000 sind wir nun nicht mehr allzu weit entfernt. Ob wir es jetzt lesen dürfen? Ob wir die Philosophie

Die Götter Dionysos (links) und Apollon (rechts) verkörpern nach Nietzsche zwei Fundamentalprinzipien, die das Verhältnis des Menschen zur Welt bestimmen.

Nietzsches verstehen können? Diese Philosophie ist wohl wie keine andere mißverstanden und mißbraucht worden, besonders von den Nationalsozialisten, die meinten, mit ihr Bereiche ihrer Ideologie rechtfertigen zu können. Und isoliert vom Ganzen könnten einige Wörter Nietzsches wie »Übermensch«, »Führer«, »blonde Bestie« u. a. als programmatische Stichwörter sicher auch benutzt werden. Den größten »Pechvogel in der Philosophie-Geschichte« nennt Ludwig Marcuse Nietzsche, weil »Analphabeten« seine Ideen mißbraucht hätten. Und dieser Mißbrauch verstellte über lange Zeit einen vorurteilslosen Zugang zu Nietzsches Philosophie, besonders in einer Zeit, als in der Phase der »Vergangenheitsbewältigung« jede Nebensache willkommen war, um von den eigentlichen Ursachen des Faschismus in Deutschland abzulenken. Erst in den letzten Jahren hat man sich, ausgehend von Italien und Frankreich, auch wieder unbefangen mit dem

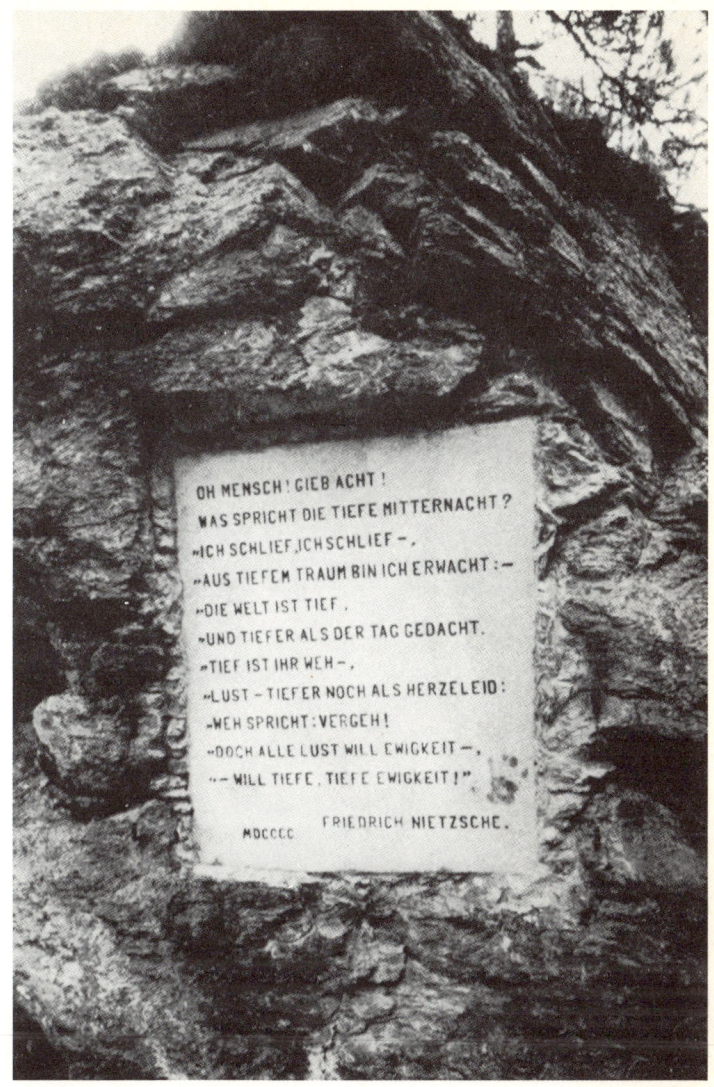

OH MENSCH! GIEB ACHT!

WAS SPRICHT DIE TIEFE MITTERNACHT?

»ICH SCHLIEF, ICH SCHLIEF –,

»AUS TIEFEM TRAUM BIN ICH ERWACHT: –

»DIE WELT IST TIEF,

»UND TIEFER ALS DER TAG GEDACHT.

»TIEF IST IHR WEH –,

»LUST – TIEFER NOCH ALS HERZELEID:

»WEH SPRICHT: VERGEH!

»DOCH ALLE LUST WILL EWIGKEIT –,

»– WILL TIEFE, TIEFE EWIGKEIT!"

MDCCCC   FRIEDRICH NIETZSCHE.

»wilden« Denken Nietzsches und mit seiner Philosophie des Goetzen-Umwerfens befaßt. »Lernt mich gut lesen ... das heißt langsam, tief, rück- und vorsichtig, mit Hintergedanken, mit offengelassenen Türen, mit zarten Fingern und Augen«, fordert Nietzsche seine Leser auf. Und wer »Also sprach Zarathustra« so liest, wird auch die Philosophie der Zukunft verstehen und nicht mißverstehen können, es sei denn, er wolle es. Mit seiner Philosophie will Nietzsche »die Menschheit zu Entschlüssen drängen, die über alle Zukunft entscheiden«.

Philosophie der Zukunft

Er sieht im Ende des 19. Jahrhunderts – in »der Zeit, in die wir geworfen sind« – eine Zeit des inneren Zerfalls und einer Entwertung aller Werte. Der Mensch kann in ihr nicht Selbst sein. Technik und Fortschritt haben ihm eine neue Definition gegeben, die nicht von Menschen selbst gesetzt ist, sondern von außen, von den Sachzwängen einer neuen Gesellschaft. Der Mensch ist so sich selbst fremd geworden. Zudem hat die gesamte idealistische Philosophie mit ihrer ewigen Frage »Was ist Wahrheit?« eine Trennung von Ich und Welt erzeugt. »Und siehe da, jetzt fiel mit einem Mal die Welt auseinander in eine ›wahre‹ Welt und eine ›scheinbare‹: Und genau die Welt, in der der Mensch zu wohnen und sich einzurichten seine Vernunft erfunden hatte, genau dieselbe wurde ihm diskreditiert.«

Dekadenz

Die ewige Suche nach Wahrheit und ihre Antworten sind solche der Wertschätzungen »zum Zweck der Verständigung, der Berechnung«, im Grunde aber nur nützliche Täuschung, denn alle »Wahrheiten sind Illusionen, von denen man vergessen hat, daß sie welche sind«, weil sie eben zu Werten, zu Normen geworden sind. Diese Situation, daß alles eigentlich nur Täuschung ist, aber dennoch als Wert aufrechterhalten wird, macht eine Entwertung aller Werte notwendig. An die Stelle des Scheins und des Glaubens tritt dann das

Entwertung aller Werte

Friedrich Nietzsche
* 1844 Röcken, † 1900 Weimar

Nietzsches Philosophie ist die einer neuen Sprache,
die das Leben des Menschen singen, sprechen und
tanzen läßt. Wenn der Mensch sein bisheriges ent-
fremdetes Leben hinter sich läßt, so hat er die Möglichkeit, einen »tanzenden Stern zu gebären«, eine
neue Welt entstehen zu lassen. Er wird dann ein anderer, ein neuer Mensch, ein Mensch der Zukunft,
der sein Begehren lebt.

Die Voraussetzung dafür ist eine radikale Abkehr
von allen bisherigen Werten, ein Umstürzen von
überkommenen und festgewordenen Vorurteilen.
Dazu gehört für Nietzsche das Zerbrechen des
Glaubens an der Wahrheit, die Umstürzung der Moral (der sittlichen Grundsätze) und die Verwerfung
aller Religion, vor allem des Christentums.

Nichts, das Nihil. Es herrscht also der *Nihilismus.*
Diesen Nihilismus kann aber nur derjenige erkennen, der frei im Geist ist, sich von der täuschenden
Konvention, von allen gegebenen Werten freigemacht hat, der im »Verbotenen wandert«. Er wird
dann erkennen, daß es keine Wahrheit an sich
gibt, keine Moral sittlich verkündeter Grundsätze,
keine Religion existiert, denn »Gott ist tot« – »wir   *»Gott ist tot«*
haben ihn getötet –, ihr und ich: wir alle sind
seine Mörder. Aber wie haben wir das gemacht?... Wohin bewegen wir uns? Irren wir
nicht durch ein unendliches Nichts?... Ist nicht
die Größe dieser Tat zu groß für uns? Müssen wir
nicht selber zu Göttern werden, um nun ihrer wür-
dig zu erscheinen?« Der Mensch muß ein anderer
werden, antwortet Nietzsche. Er selbst muß Gott
werden. Er muß er selbst werden. Er selbst werden heißt für den Menschen, immer den Bruch zu
denken und zu leben, heißt im Verbotenen wan-
dern. Die Philosophie des Selbst-Menschen ist
das »Aufsuchen alles Fremden und Fragwürdigen

Rechte Seite:
Vom
»Zarathustra«
sagt Nietzsche
selbst:
»Hinter all den
schlichten und
seltsamen
Worten steht
mein tiefster
Ernst und
meine ganze
Philosophie.«

**Der neue
Mensch**

im Dasein, das durch die Moral bisher in Bann getan war«. Hat der Mensch diesen Bann gebrochen, die überkommenen Werte entwertet, dann überwindet er den Nihilismus, dann streift er die Fesseln der Vernunft ab, dann hat er die Möglichkeit, ein anderer, ein neuer Mensch zu sein.

»Man muß das Chaos in sich haben, um einen tanzenden Stern gebären zu können«, verkündet Zarathustra den Menschen, als er nach langer Einsamkeit im Gebirge zu ihnen herabsteigt. Dieses Hauptwerk »Also sprach Zarathustra« (1883) ist die Summe der Gedanken Nietzsches. »Man darf den ganzen Zarathustra unter die Musik rechnen«, sagt er von ihm. Das ist keine Philosophie mehr nur des Kopfes, das ist die Philosophie des Körpers, das ist die getanzte, die gesungene Philosophie, die Dichtung, Tanz und Musik in einem ist. Es ist das Lied vom bisher unbekannten Weisen, »der heißt selbst«. Und aus diesem Selbst entsteht der neue Mensch. »Der Mensch ist etwas, das überwunden werden soll ... Alle Wesen schufen bisher etwas über sich hinaus. Was groß ist am Menschen das ist, daß er eine Brücke und kein Zweck ist.« Der Mensch ist sich also selbst die Brücke zum neuen Menschen, den Nietzsche den *Übermenschen* nennt, eine Wortschöpfung, die vielfach mißverstanden worden ist. Dieser Übermensch ist aber nur der Mensch, der anders wird, der den Willen und die Macht in sich hat, sich selbst zu überschreiten, um der Mensch der Sehnsucht, der Zukunft zu werden. Er »ist der Sinn der Erde«. In ihm liegt das Prinzip aller künftigen Wertsetzung, denn er schafft aus einer Freiheit, seiner Ungebundenheit, die neue Tafel der Werte, die »Jenseits von Gut und Böse« liegt, und »dort wo der Staat aufhört, da beginnt erst der Mensch, der nicht überflüssig ist«.

Nietzsche hat hier in seinem Projekt der Philosophie, das kein abgeschlossenes System wie das früherer Philosophen ist, einen Gegenentwurf zu

ALSO
SPRACH
ZARATHUSTRA

FRIEDRICH
NIETZSCHE

dem entfremdeten Menschen geschaffen, der im 19. Jahrhundert zum Typ des Menschen geworden war und im 20. Jahrhundert als solcher hauptsächlich funktioniert und seine ursprüngliche Vitalität und Schöpferkraft verloren hat. Der Mensch als Brücke zum neuen Menschen »ist ein Seil ... gespannt über dem Abgrund«. Wird der neue Mensch ankommen oder vom Seil stürzen, hat der Mensch noch genug Chaos, genug Kreativität in sich, hat er noch die Chance sich zu verwirklichen, wenn das Jahr 2000 kommt und die Philosophie Nietzsches nach seinem eigenen Urteil gelesen und verstanden werden darf?

Lesehinweis

Adorno, Theodor W.: *Kierkegaard,* Frankfurt 1974

Deleuze, Gilles: *Nietzsche – ein Lesebuch,* Berlin 1979

Kierkegaard, Sören: *Der Begriff Angst,* Hamburg 1981

Kierkegaard, Sören: *Philosophische Brocken,* Frankfurt 1975

Nietzsche, Friedrich: *Also sprach Zarathustra,* Frankfurt 1975

Nietzsche, Friedrich: *Jenseits von Gut und Böse,* Stuttgart 1976

Safranski, Rüdiger: *Schopenhauer und die wilden Jahre der Philosophie,* München 1987

Schopenhauer, Arthur: *Die Welt als Wille und Vorstellung,* 2 Bde., Zürich 1977

Vernunft und/oder Fortschritt?

»Wehe es kommt die Zeit, wo der Mensch keinen Stern mehr gebären wird.« Es wäre das Ende des schöpferischen Menschen, das Friedrich Nietzsche als mögliche Zukunft voraussieht, wenn sich der Mensch nicht mehr zum Selbst befreien und eine andere Welt gestalten kann.

Was die zweite Hälfte des 19. Jahrhunderts begründet, die Entwicklung von Technik, Wissenschaft und Industrie, gepaart mit einem unbedingten Fortschrittsglauben, hat im 20. Jahrhundert sein Resultat gefunden: die moderne Welt. Ist diese Welt zum Nutzen oder zum Schaden des einzelnen Menschen? Diese entscheidende Frage ist sicher noch heute nicht endgültig beantwortet.

Selbst die Revolutionen dieses Jahrhunderts in Rußland und China, die davon ausgegangen sind, die Modernität der Welt und die technischen Errungenschaften dem Nutzen des einzelnen Menschen zuzuführen, also die Entfremdung in ihr aufzuheben, haben im Verlauf ihres weiteren Prozesses die Bedürfnisse und die Verwirklichung des Individuums einem Anspruch an anonymen Fortschritt und Modernität unterworfen. So muß sich der Mensch heute in allen Gesellschaftsordnungen immer wieder die gleiche Frage stellen: Wo ist mein Platz in dieser Welt? Bringt der Fortschritt mir Glück und Selbstverwirklichung oder wendet er sich endgültig gegen mich?

Nun gegen Ende des 20. Jahrhunderts wird die Moderne immer mehr in Frage gestellt, ihr Wert

Unterwerfung des Individuums

Oben: Picasso: »Guernica«

Unten: A. P. Weber: »Die Komplizen«

Seit der 2. Hälfte des 19. Jahrhunderts entwickelten sich die Naturwissenschaften, Technik und Industrie in einem bis dahin nicht vorstellbaren explosivem Tempo bis hin zum heutigen Atom- und Computerzeitalter. Entsprechend entwickelte sich eine unbedingte Fortschrittsgläubigkeit in den Köpfen vieler Menschen. Hat aber der Fortschritt den Menschen glücklicher gemacht, ist der hohe Preis von Umweltzerstörung gerechtfertigt? Der Zweifel am Fortschritt als Maßstab aller Dinge wächst.

Vernunft und/oder Fortschritt

»Mit seinem Bißchen an Weisheit/doch gewalt'ger Begabung für Technik/wendet der Mensch sich manchmal/zum Bösen und manchmal zum Guten.« – Diese Aussage des Sophokles ist nunmehr fast 2500 Jahre alt. – Heute, im 20. Jahrhundert, muß der Mensch sich Gedanken über den Wert des Fortschritts machen. (Paul A. Weber: »Melancholie«)

verstärkt in Zweifel gezogen. Bewirkt haben dies gerade die Erfahrungen zweier großer und zahlreicher kleiner Vernichtungskriege, die im Namen der Moderne geführt worden sind. Hinzu kommt die Erkenntnis, daß diese Welt die Mittel zu ihrer eigenen Vernichtung geschaffen hat, sei es durch den atomaren Krieg, sei es durch die Zerstörung des natürlichen Lebensraums. In dieser Welt, in

der der einzelne Mensch als Verantworter immer weniger sichtbar ist, steht die Menschheit somit vor einem möglichen doppelten Selbstmord. Dabei kann es nicht einmal ein gewählter Freitod des Menschen sein, denn diejenigen, die diesen Selbstmord zu verantworten haben, sind als Menschen nicht sichtbar. Was die beiden Philosophen Adorno und Horkheimer in der »Dialektik der

Aufklärung« schon festgestellt haben, daß nämlich aus den Ideen und der Vernunft der Aufklärung, die ja den Menschen in den Stand setzen wollte, seine Welt und die Natur selbst zu gestalten und zu bestimmen, inzwischen Instrumente der Machtausübung und Vernichtung geworden sind, scheint sich nunmehr als konkrete Wirklichkeit zu bestätigen. Eine zynische Vernunft ist da am Werk – wie Peter Sloterdijk meint –, die den Untergang der Menschheit mit der Berufung auf Fortschritt programmiert und auf der anderen Seite das Sich-Fügen in den Untergang pflegt.

Viele Fragen – viele Antworten

Die Philosophie dieses Jahrhunderts hat versucht, auf viele Fragen Antworten zu geben: auf die Fragen nach der Wahrheit und der inneren Logik der Welt, nach der Struktur der Sprache, nach der Existenz des Menschen, nach den Möglichkeiten von Hoffnung, auf die Fragen danach, *ob,* und wenn ja, *wie* Freiheit in einer perfekt durchorganisierten Welt noch möglich ist. In ihrer Verschiedenheit scheint diese Philosophie unserer Zeit auch eine breite Palette von Antworten auf alle Fragen anzubieten. Diese verschiedenen Antworten können aber auch darauf hinweisen, daß die Philosophie unsicherer denn je der Welt gegenübersteht, nicht in der Lage ist, Spiegel der Zeit zu sein, ihre Zeit in Gedanken zu fassen, dem Menschen auf die Fragen zu antworten. Diese Unsicherheit hat sehr häufig dazu geführt, daß der Philosophie vorgehalten worden ist, sie sei überflüssig, das Ende der Philosophie sei gekommen. »Wozu noch Philosophie?« ist eine in diesem Jahrhundert oft gestellte Frage.

»Wer hat Angst vor der Philosophie?« ist eine vor kurzem dazu gestellte Gegenfrage. Die Philosophie kann Fragen stellen, kann so Kritik sein, kann Antworten geben. Lösungen für die Probleme dieses Jahrhunderts kann sie nicht anbieten und erst recht nicht durchsetzen, denn woher sollte sie die Macht dazu nehmen.

Als *Instrument* der Frage und des Infragestellens kann sie mit Nachdruck aber darauf hinweisen, daß Leben und Existenz des Menschen es wert sind, diese zu denken und vor der Vernichtung zu bewahren.

Das Leben ist ein Strom – Bergson

Das Leben, das Selbst-Sein hat Nietzsche ins Zentrum der Philosophie gerückt. Das *Leben als Prinzip des Seins,* als des Lebens höchster Sinn beschreibt eine Philosophie, die sich um die Jahrhundertwende mit dem Franzosen Henri Bergson (1859–1941) begründet. Diese Lebensphilosophie, auch Vitalismus oder Bergsonismus genannt, hat zeitweise eine Popularität gehabt, die ihresgleichen in der Geschichte der Philosophie sucht. Hohe Buchauflagen, die sonst nur Bestsellerromane erreichen, sind ein Beweis dafür. Zudem gibt es wohl kaum eine Philosophie, die so prägend für die Literatur geworden ist, wie diese Lebensphilosophie. Diese Prägung zeigt sich bei

Henri Bergson

Lebensphilosophie

Den »Hauptakzent dem Leben« geben ist ein Gefühl, das sich um die Jahrhundertwende in der Philosophie Nietzsches ausdrückt, aber auch die Literatur und die Kunst prägt.

Die Lebensphilosophie entsteht in Frankreich durch Henri Bergson und besagt, daß der »élan vital« (der Lebensschwung, der Lebensdrang) das ganze Sein bestimmt. Das Leben ist ewiges Fließen, durch das es eine schöpferische Zeit hat, die die Kreativität des Menschen hervorbringt. Die Philosophie schöpft aus diesem Lebensschwung, aus dem die Intuition als Quelle von Erkenntnis hervorgeht.

Rechte Seite:
Für Henri Bergson ist das Leben als ganzes Sein durch den »élan vital«, den Lebensschwung, geprägt.

Marcel Proust in »Auf der Suche nach der verlorenen Zeit«, in der Literatur des deutschen Expressionismus, in Thomas Manns »Zauberberg«, bei James Joyce und Paul Valéry.

Bergson faßt das Leben nicht konkret als ein Selbst-Sein des Menschen auf, sondern umfassender als ganzes Sein, das durch den »élan vital« (Lebensschwung, Lebensdrang) geprägt ist. Dieser Lebensschwung ist ursprünglich existent, er ist ein ewiges Fließen, das in allem lebt, was innerlich ist. Wesentliche Kategorie des Lebens ist auf Grund des Fließens die Dauer, die Zeit. Diese ist aber nicht als Begriff, als physikalisch meßbare Einheit zu verstehen. Sie ist die schöpferische Zeit des inneren Geschehens, sie ist Erlebniszeit.

Geheimnis des Lebens

Dieses innere Geschehen des Lebens, sein Geheimnis zu erkennen, es produktiv wirksam werden zu lassen als Kreativität des Menschen, die zu einer offenen Gesellschaft führen soll, ist das Ziel der Philosophie Bergsons. Er versteht die Suche nach dem Geheimnis des Lebens als Gegenpol des mechanistischen Denkens, das in allen Wissenschaften exakt sein soll. Auch die Philosophie sieht er von dieser Forderung nach Exaktheit bedroht, will sie aber als eine Art Hort des Lebens retten. Alles Tote, jede Mechanik, jeder Automatismus, das »bloß Gemachte« ist ihr Feind. Die wahre Realität ist Bewegung, ist Zeit als Dauer, ist Leben. Die Zeit ist der Moment der Erkenntnis, das Mittel zur Erkenntnis ist die Intuition. Sie ist der seelische Vorgang, der den Menschen direkt mit dem Strom des Lebens verbindet. Während die Zeit als Lebenszeit durch diese Intuition erfahren wird, wird der Raum durch den Verstand erfahren. Jedes wissenschaftliche, naturwissenschaftliche Denken, das sich im Begriff verewigt und das Postulat des Nutzens mit sich trägt, wird im Raum erfahren. Die Welt des Raums ist so die Welt der Mechanik. In ihr aber ist kein schöpferischer Prozeß in Gang, dieser findet allein in der

205

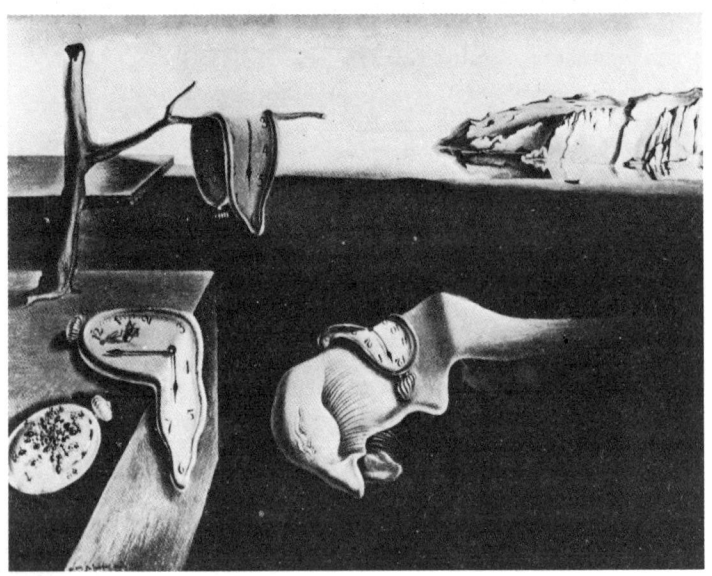

Zeit statt. So ist die Zeit und das Sein auch eine
Welt der ständigen Veränderung, wie Bergson in
»Zeit und Freiheit« (1889, dtsch. 1911) schreibt.
In seinem zweiten Buch »Materie und Gedächtnis« (1896, dtsch. 1907) verbindet Bergson Raum
und Zeit, Materie und Memoire (die Übersetzung
Gedächtnis drückt nicht genau den Vorgang aus).
Auch der Raum wird erlebt, aber nur in der Anschauung. Die Zeit des Raums ist die Gegenwart,
so daß Bergson schreiben kann: »Die Materie ist
meine Gegenwart.« Bei der Erkenntnis durch Intuition spielt das *Auge* des Menschen eine bedeutende Rolle, eine Erkenntnis, die späte Folgen für
die französische Philosophie haben wird. Es erfaßt das Unmittelbare, eben die fließende Zeit, in
einem Augen-Blick. Es ist in der Lage zu »sehen
um zu sehen«, im Strom des Lebens unmittelbar
präsent zu sein. Der Mensch wirft ein Stück Zuk-

ker in ein Glas Wasser. Das Auge sieht, wie Bergson als Beispiel angibt, wie es sich von Moment zu Moment auflöst, »etwas zerrinnt«. Es sieht die Dauer der Zeit in den kleinsten Einheiten, den Momenten. »Die Macht des Unmittelbaren ... ist meiner Ansicht nach das äußere Zeichen, mit dem die wahrhafte Intuition des Unmittelbaren sich zu erkennen gibt.«

Die Intuition als wesentliches Mittel der Erkenntnis ist somit immer unmittelbare Teilhabe am fließenden Leben, was sich am deutlichsten im Werk des Künstlers ausdrückt. Diese Spontaneität des Lebens, des Augenblicks und eines schöpferischen Ausdrucks will Bergson für die Philosophie retten und vor den sachdienlichen Begriffen schützen.

So ist die Philosophie für Bergson auch ein »acte simple«, also einfache Tätigkeit, in der die Schöpfung immer erfahren werden kann. »Die Essenz ist der Geist der Einfachheit ... und so finden wir, daß die Kompliziertheit immer eine künstliche Angelegenheit ist, die Konstruktion aber ein Accessoire, das einen erleuchtenden Schluß zuläßt: Philosophieren ist eine einfache Tätigkeit«, schreibt Bergson in »L'Intuition Philosophique« (1927).

Einfache Tätigkeit

Die Welt, in der nur der Nutzen einer wissenschaftlichen Erkenntnis zählt, ist »nur ein Schaffen ihrer selbst. Sie ist kalt wie der Tod«. Nur in einer offenen Gesellschaft ist das Leben und die Kreativität des Menschen zu retten, ist die Schlußfolgerung der Philosophie Bergsons.

Das Rot der Rose ist das Rote – Phänomenologie

»Zurück zu den Sachen« ist das Motto einer Philosophie, der »Phänomenologie«, die sich um die Jahrhundertwende entwickelt und mit den Na-

Edmund Husserl begründete die »Phänomenologie«, die Lehre von dem Wesen der Erscheinungen, in der die Philosophie als strenge Wissenschaft verwirklicht werden sollte.

men Edmund Husserl (1859–1938) und Max Scheler (1874–1928) verbunden ist. Husserl will die Philosophie zu einer wirklichen Wissenschaft machen. In seinem Aufsatz »Philosophie als strenge Wissenschaft« (1911) schreibt er: »Seit den ersten Anfängen hat die Philosophie den Anspruch erhoben, strenge Wissenschaft zu sein, und zwar die Wissenschaft, die den höchsten theoretischen Bedürfnissen Genüge leiste ... Dem Anspruch strenge Wissenschaft zu sein, hat die Philosophie in keiner Epoche ihrer Entwicklung zu genügen vermocht.« Husserls Philosophie will unangreifbare Wahrheiten feststellen. Als Lehre von dem Wesen der Erscheinungen (der Phänomene), als Phänomenologie, versteht sie sich als Grundwissenschaft, will sie die erste Verwirklichung von Philosophie als strenger Wissenschaft sein. Sie ist auch eine Philosophie, die wieder in die Universitäten zurückkehrt, eine Philosophie der Professoren. Und von ihren Biographien ist scheinbar nicht mehr zu berichten, als daß ein Lehrstuhl dem anderen folgt. Doch dieses verdeckt auch, daß auch bei ihnen private Erlebnisse Einflüsse auf die Philosophie haben, was bei Scheler zum Beispiel deutlich wird in der Bedeutung, die er der Emotion im Erkenntnisvorgang zumißt.

Reaktion

Das Bedürfnis nach einer *Philosophie als Wissenschaft* ist Reaktion auf die spekulative Philosophie der Vergangenheit und auch auf die in den Augen vieler Philosophen unwissenschaftliche Philosophie der Dichtung etwa eines Nietzsche und eines Kierkegaard. So konträr in ihrem Anspruch auf Wissenschaftlichkeit die Philosophie Husserls der Bergsons zu sein scheint, so nähern sie sich doch an in der Bedeutung, die beide der *Intuition* als Quelle der Erkenntnis geben. So sagt Husserl von seiner Philosophie, daß »sie alle Feststellungen ausschließlich aus der immanenten Intuition schöpft und jedes Überschreiten dieser Sphäre anschaulicher Selbstgegebenheit ver-

In der »Wesensschau« der roten Rose ist das von allen Nebensächlichkeiten gereinigte Bewußtsein völlig auf den Gegenstand »Rote Rose« mit ihrem Wesen »Rot-An-Sich« gerichtet und schaut so nicht die Erscheinung, das »Da-Sein«, sondern das Wesen, das »So-Sein«.

wehrt«. Auch sie ist eine Philosophie des reinen Ich-Blicks, aber eine, die das konkrete Dasein und somit das Leben ausschließt.

Was Husserl etwa an einer roten Rose interessiert, ist nicht ihre Lebensweise in der Natur, zu welcher Zeit und unter welchen Bedingungen sie wächst, sondern nur ihr »Rot-An-Sich«, welches Wesen der Erscheinung »Rote Rose« ist. Mit einem solchen Erkenntnisvorgang sichert er zuerst das Objekt des Objekts. In der »Wesensschau« eines Objekts sieht er also ab von allen räumlichen und zeitlichen Bedingungen. Es ist das von allen Nebensächlichkeiten gereinigte Bewußtsein, das blickt. Da das Bewußtsein eine Intention ist, die

Objekt des Objekts

209

sich völlig auf den Gegenstand richtet, erblickt es direkt das Sein des Gegenstands und nicht die Erscheinung, das Da-Sein. Der Akt des Bewußtseins schaut so nicht das *Da-Sein* der Rose, sondern das Wesen als das Letztgegebene, das *So-Sein*. Somit entbehrt es letztendlich der physischen und psychischen Realität, ist allein »idealler Gegenstand«.

Auf der Suche nach logischen Gesetzen ist Husserl von Urteilen über eine Sache selbst (z. B. diese Rose ist rot) ausgegangen. Wie er schon in den »Logischen Untersuchungen« (1901) darstellt, findet er in diesen Urteilen Gesetze, die für ihn einen Zusammenhang von Wahrheiten ergeben. Diesen meint er eben in den »idellen Gegenständen« zu erblicken, die er in den »Ideen zu einer reinen Phänomenologie« (1913) beschreibt.

Konkretes Erleben

Mit dem konkreten Erleben von Welt hat Max Scheler (1874–1928) die Phänomenologie verbunden, wenn er schreibt: »Ich befinde mich in einer unermeßlichen Welt sinnlicher und geistiger Objekte, die mein Herz und meine Leidenschaften in eine unaufhörliche Bewegung setzen.« Für Scheler ist die Phänomenologie »der Name für eine Einstellung des geistigen Schauens, in der man etwas zu er-schauen oder zu er-leben bekommt, was ohne sie verborgen bleibt: nämlich ein Reich von ›Tatsachen‹ eigentümlicher Art . . . Das erste was eine auf Phänomenologie gegründete Philosophie als Grundcharakter besitzen muß, ist der lebendigste, intensivste und unmittelbarste Erlebnisverkehr mit der Welt selbst«. An die Stelle der Intuition tritt bei Scheler das Fühlen als Quelle von Erkenntnis. Über sie ist eine »Teilnahme des Seinskerns einer endlichen menschlichen Person am Wesenhaften« möglich. Aus dieser Teilnahme entwickelt der Mensch seine »natürliche Weltanschauung«. In ihr treffen das So-Sein der Gegenstände, das Wesen also, und das Da-Sein des Menschen zusammen.

In »Philosophische Weltanschauung« (1928) schreibt Scheler: »Da also die individuelle Person eines jeden Menschen unmittelbar im ewigen Sein und Geiste verwurzelt ist, gibt es keine allgemein gültig wahre, sondern nur eine individual gültig wahre und zugleich im Maß ihrer Vollkommenheit und Adäquation geschichtlich bedingte ›inhaltliche‹ Weltanschauung. Wohl aber gibt es eine streng allgemeingültige Methode, nach der jeder Mensch – wer immer es sei – ›seine‹ metaphysische Wahrheit finden kann.« Hiermit entwickelt Scheler eine Anthropologie, die dem Menschen Freiheit gibt, seine eigene Wahrheit zu erfahren und zu finden.

Individuelle Weltanschauung

Wissenschaftslogik und Sprachkritik – Carnap und Wittgenstein

Hat die Philosophie in ihrer gesamten Geschichte überhaupt einen Fortschritt gemacht? Oder hat sie nur ein Chaos von Systemen hervorgebracht? Ist die Philosophie auf der Höhe der exakten Wissenschaften, der Naturwissenschaften, oder beschäftigt sie sich weiterhin nur mit Scheinproblemen? Das sind Fragen, die sich in den ersten Jahren dieses Jahrhunderts viele Philosophen stellen. Und ausgehend von einem Anspruch an exakte

Chaos von Systemen

Wissenschaften, antworten sie: »Alle Versuche dem Chaos der Systeme ein Ende zu machen und das Schicksal der Philosophie zu wenden, können, so scheint eine Erfahrung von mehr als zwei Jahrtausenden zu lehren, nicht ernst genommen werden. Der Hinweis darauf, daß der Mensch schließlich die hartnäckigsten Probleme, etwa das des Dädalus, gelöst habe, gibt dem Kenner keinen Trost, denn was er fürchtet ist gerade, daß die Philosophie es nie zu einem echten ›Problem‹ bringen werde.« Es ist Moritz Schlick (1882–1936), der Begründer des »Wiener Kreises«, von dem in den 20er Jahren eine neue »wissenschaftliche« Philosophie ausgehen sollte. In seinem Aufsatz »Die Wende der Philosophie« (1930) stellt er fest, daß sich die Philosophie in ihrer Geschichte nur mit Scheinproblemen herumgeschlagen habe.

Schein-
probleme

Philosophie als strenge Wissenschaft

Philosophie als strenge Wissenschaft will sich gegen die vermeintlich reine Spekulation der bisherigen Philosophie absetzen. Im 19. Jahrhundert und im beginnenden 20. Jahrhundert haben die Naturwissenschaften sich zur exakten Wissenschaft entwickelt, so daß die Philosophie jetzt unter den Druck gerät, ebenso exakt zu sein. Husserl versteht seine Philosophie als strenge Wissenschaft, und der Neo-Positivismus, der sich auch analytische Philosophie nennt, will sich ebenfalls von der Philosophie der Spekulation absetzen, die nur Scheinprobleme behandle. Der Neo-Positivismus untersucht die sinnlich erfahrbare Wirklichkeit und hat vor, über sie exakte Aussagen zu machen. Dabei stößt er auf die Sprachprobleme, die die Exaktheit und Eindeutigkeit von Aussagen vielfach verhindern, da Sprache die erfahrbare Welt nicht entsprechend exakt weitergeben kann. So entwickelt die analytische Philosophie künstliche Sprachen, die den logischen Aufbau der Welt wiedergeben sollen.

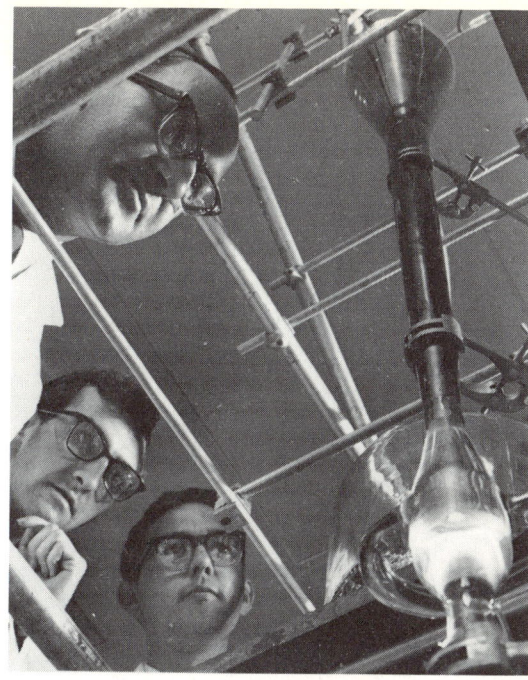

Der Neo-Positivismus fordert eine wissenschaftlich begründete Philosophie, die jegliche Metaphysik, das Fragen nach dem Wesen des Seins, ablehnt und sich als Einheitswissenschaft auf die Erkenntnisse der Physik gründet.

Gleichzeitig glaubt er aber, die Wende in der Philosophie sei erreicht, weil er sie im Besitz der Mittel wissenschaftlicher Erkenntnis wähnt, die von der Logik und der Physik herrühren.

    Die neue Philosophie betritt polemisch gegen die gesamte bisherige Philosophie die Szene und scheidet bis heute die Geister der Philosophie in »wissenschaftliche« und »metaphysische«. Hans Reichenbach bezeichnet letztere als »Gegenstand der Verachtung, vor welcher der Wissenschaftler sich fern halten möchte«.

    Die Wende in der Philosophie geht zurück auf die Ergebnisse des Positivismus in Frankreich und England, gründet sich auf der wissenschaftli-

Wende der Philosophie

213

chen Erkenntnis der Physik, die die Natur »vollständig und auf die einfachste Weise zu beschreiben« vorhabe, wie der deutsche Physiker Gustav Kirchhoff schreibt. Daran schließt der Wiener Physiker Ernst Mach an, der sein Denken an das Beschreiben und Wiederfinden von Tatsachen und deren Zusammenhänge knüpft. Aus diesen Ansätzen will der Wiener Kreis »einen metaphysikfreien Monismus ... die Einheitswissenschaft des Physikalismus« schaffen. Zu den wichtigsten Merkmalen des Neo-Positivismus oder der analytischen Philosophie, wie sie auch genannt wird,

Ablehnung der Metaphysik

gehört die Ablehnung jeglicher metaphysischer Aussage, denn über die durch sinnliche Erfahrung hinausgehende Wirklichkeit könne keine Aussage gemacht werden. »Metaphysik ist Lyrik in der Verkleidung einer Theorie« (Schlick). Ferner müssen alle Aussagen verifizierbar sein, d. h. sie müssen auf ihre Stimmigkeit auf Grund von Erfahrungen überprüft werden (Verifikationsprinzip). Jegliche Wertungen der Philosophie sind abzulehnen, da sie wissenschaftlich nicht zu begründen sind, allein ein Ausfluß der Gefühle sein können.

Die Philosophie kann nur »Dienerin« der Wissenschaften sein. Ihre logische Analyse »dient der

Logische Analyse

Ausmerzung bedeutungsloser Wörter, sinnloser Scheinsätze. In ihrem positiven Gebrauch dient sie zur Klärung der sinnvollen Begriffe und Sätze, zur logischen Grundlegung der Realwissenschaft«, formuliert Rudolf Carnap (1891–1970), einer der bedeutendsten Vertreter der analytischen Philosophie. Er ist gebürtiger Deutscher, geht zum Wiener Kreis, muß während des Nationalsozialismus wie die meisten Philosophen der Zeit emigrieren und bleibt bis zu seinem Tod in den USA. Amerika und England werden so zum Zentrum der analytischen Philosophie, das später nach Deutschland ausstrahlt und hier die »Wissenschaftsphilosophie« begründet.

In seinem Buch »Der logische Aufbau der Welt« (1928) versucht Carnap ein »Konstitutionssystem« zu schaffen, das wissenschaftsgültig die Welt beschreibt. Dabei untersucht er die Begriffe, sonderlich die empirischen, die eine Erfahrung und eine Aussage umsetzen. Er geht aus von elementaren Erlebnissen des Menschen, die er »eigenpsychische Erfahrungen« nennt. Bringt nun ein solches Elementarerlebnis im Menschen eine Erinnerung an ein ähnliches Erlebnis hervor, so kann zwischen beiden eine Verbindung hergestellt und beschrieben werden. Bei diesem Prozeß der Umsetzung, dieser Verbindung in die Beschreibung, stößt Carnap auf Schwierigkeiten, die in der Sprache gegeben sind, weil sie nicht in der Lage ist, genau den Sinn, der sich hinter dieser Erlebniskette verbirgt, zu formulieren. Eine Bestätigung durch die Semantik (Wortbedeutungslehre) bleibt somit verwehrt. Die Folge ist, daß die analytische Philosophie, die Carnap lieber Erkenntnistheorie oder Wissenschaftslogik nennt, weil der Begriff Philosophie negativ vorbelastet sei, diese theoretischen Probleme als *Sprachprobleme* untersuchen muß. Dies wird als »linguistische Wende« der analytischen Philosophie bezeichnet. In seinem Werk »Die logische Syntax der Sprache« (1934) versucht Carnap diese Sprachprobleme zu lösen, indem er formale, künstliche Sprachen entwickelt, mit denen er glaubt, wissenschaftliche Erkenntnisse darstellen und benennen zu können.

»Alle Philosophie ist Sprachkritik« hatte schon 1922 Ludwig Wittgenstein (1889–1951) in seinem »Tractatus Logico-Philosophicus« geschrieben. In einer logischen Reihe kommt er zu dem Ergebnis: »Die Welt zerfällt in Tatsachen … Das logische Bild der Tatsachen ist der Gedanke … Im Satz drückt sich der Gedanke sinnlich wahrnehmbar aus … Die Gesamtheit der Sätze ist die Sprache … Alles was überhaupt gedacht werden kann, kann klar gedacht werden. Alles was sich

Rudolf Carnap untersuchte die theoretischen Probleme der Wissenschaftslogik als Sprachprobleme.

Sprachprobleme

215

Ludwig Wittgenstein: »Die Philosophie ist ein Kampf gegen die Verhexung unseres Verstandes durch die Mittel der Sprache.« (Karikatur von Hans Pfannmüller)

aussprechen läßt, läßt sich klar aussprechen. Der Satz kann die gesamte Wirklichkeit darstellen, aber er kann nicht das darstellen, was er mit der Wirklichkeit gemeint haben muß, um sie darstellen zu können – die logische Form. Um die logische Form darstellen zu können, müßten wir uns mit dem Satze außerhalb der Logik aufstellen können, das heißt außerhalb der Welt.« Der Schluß, den Wittgenstein aus der Sprachkritik schließt, heißt: »Das Resultat der Philosophie sind nicht ›philosophische Sätze‹, sondern das Klarwerden von Sätzen ... Wovon man nicht sprechen kann, darüber muß man schweigen.« Nach der Veröffentlichung des »Tractatus« gibt Wittgenstein erstmal die Philosophie auf, weil er meint, alles gesagt zu haben. In seinen späteren »Philosophischen Untersuchungen« (1953), die er in England schreibt und die nach seinem Tod erscheinen, revidiert er zum Teil seine früheren Erkenntnisse. Er kommt zu dem Schluß: »Die Philosophie darf den tatsächlichen Gebrauch der Sprache in keiner Weise antasten, sie kann ihn am Ende also nur beschreiben.« Die absoluten Kategorien des »Tractatus« haben sich als untauglich erwiesen. Weder kann alles, was gesagt wird, klar gesagt werden, noch stimmt, daß die Welt im Satz »probeweise zusammengestellt wird«. An Hand von *Sprachspielen* zeigt Wittgenstein, wie mannigfaltig in der Alltagssprache Begriffe sind, so daß uns, wenn wir darüber reflektieren, nur *Paradoxien* entgegentreten. So bleibt nur die Aufgabe, die Sprache in einem bestimmten Verhaltenszusammenhang zu beschreiben. Das Ziel der Philosophie kann dann nur noch darin bestehen, »der Fliege den Ausweg aus dem Fliegenglas zu zeigen«.

Sprache beschreiben

Die Forderung nach exakter Wissenschaft in der Philosophie, die im »Zeitalter der Wissenschaften« aus dem Nützlichkeits- und Verwertungspostulat jeden Tuns entspringt, führt bei Wittgenstein und später auch bei Paul Feyerabend in eine *philosophische Sackgasse*. Die völlige Ausklammerung des Seins und des Sinns vom Sein des Menschen aus den Überlegungen wird die Wissenschaftsphilosophie zwar immer nützlich und verwertbar erscheinen lassen, aber für den einzelnen Menschen, der Fragen an die Welt und sich stellt, ohne Bedeutung bleiben.

Sackgasse

Die Frage nach dem Sinn von Sein – Heidegger

»Was ist der Sinn von Sein?« Diese in der Formulierung so einfache, doch um eine Antwort so verlegene Frage stellt die existentielle Philosophie dieses Jahrhunderts nachdrücklich.

In der Vorrede zu seinem Hauptwerk »Sein und
Zeit« (1927) weist Martin Heidegger (1889–1976)
darauf hin, daß schon Platon die Beantwortung
dieser Frage arg in Verlegenheit gebracht hat. In
der Folge ist sie immer wieder gestellt worden.
Aber ist sie auch beantwortet? »Sind wir denn
heute auch nur in der Verlegenheit, den Ausdruck
›Sein‹ zu verstehen? Keineswegs ... Und so gilt es
denn, die Frage nach dem Sinn von Sein erneut zu
stellen.« So radikal – und um die Antwort gerun-
gen – ist die Frage nie aufgeworfen worden wie in
der deutschen und französischen Existenzphilosophie, in der der Philosoph seine eigene Existenz
mit der philosophischen Frage aufs engste verbindet. »Die Philosophie kommt nur in Gang durch
einen eigentümlichen Einsatz der eigenen Existenz in die Grundmöglichkeiten des Daseins im
Ganzen«, schreibt Heidegger in »Was ist Metaphysik?« (1929).

Geboren wird Heidegger in dem badischen
Dorf Meßkirch. Als Student bei Husserl in Freiburg lernt er die *Phänomenologie* kennen, die ihn

beeinflußt. 1923 wird er Professor in Marburg,
1927 erscheint das Buch »Sein und Zeit«, das ihn
schlagartig berühmt macht. Ein Jahr später wird
er Professor an der Universität von Freiburg, deren Rektor er wird, als Hitler die Macht übertragen wird. In ihm sieht Heidegger, der auch Mitglied der NSDAP wird, den Retter in einem allgemeinen vermeintlichen Chaos der Zeit. Wegen seiner Verstrickung in den Nationalsozialismus erhält er 1945 von den französischen Besatzungsbe-
hörden Lehrverbot. Bis zu seinem Tod lebt er zurückgezogen in einer Hütte im Schwarzwald.

Über die Erkenntnis der Phänomene, der Erforschung des Wesens der Erscheinung, das So-Sein der Dinge hinaus, was ihn an der Arbeit Husserls interessiert, richtet Heidegger den Blick auf die *Existenz*, das Sein der Seienden. »Das Wesen des Daseins liegt in seiner Existenz.« Die Philosophie Heideggers wird somit zur Ontologie (Lehre vom Sein), zu einer Fundamentalontologie, wie er selbst sagt. Als Grundverfassung des Daseins beschreibt Heidegger das »In-der-Welt-Sein«. Dieses »In-der-Welt-Sein« birgt die Angst des Menschen in sich als eine »Grundbefindlichkeit«. Das Ende dieses »In-der-Welt-Sein« ist der Tod, so daß Leben für Heidegger »Sein zum Tode« ist. Hieraus erfährt der Mensch auch die Zeitlichkeit des Daseins, die wiederum die *Zeit* erfahrbar macht. Existieren bedeute, daß man in der Zeit sei, hatte schon Kierkegaard festgestellt. Hier finden »Sein und Zeit« ihren Zusammenhang. Die Zeit ist nicht eine der Minuten und Sekunden, sondern eine »ursprüngliche Zeit«. Diese wird vom Menschen als eine ursprüngliche Dimension seiner selbst, als »Horizont des Seins«, als eigene Geschichtlichkeit erfahren. In ihr liegt die Freiheit des Menschen, indem dieser die »eigentlich existentielle Möglichkeit« zum Sein ergreift oder vertut. Sein ist »eine zu vollbringende Aufgabe«, ein »Selbstseinkönnen«.

Phänomen
»Zeit«

Ontologie

Als Ontologie wird derjenige Teil der Philosophie verstanden, der die Lehre vom Seienden, sofern es ist, darstellt.

Heidegger will mit seiner Fundamentalontologie das Sein selbst – als gegenwärtig in der Zeit existierend – als Da-Sein grundlegend betrachten, während die bisherige Ontologie hauptsächlich Aussagen über das überhaupt Seiende gemacht hat.

Wie aber kann der Mensch sein Selbst vollbrin-
gen, wenn seine Grundbefindlichkeit *Angst* ist,
Angst vor dem »In-der-Welt-Sein«, die sich im
Gefühl der Ungeborgenheit ausdrückt?

Diese Frage sucht Heidegger in »Was ist Metaphysik?« zu beantworten. In der Grundbefindlichkeit der Angst liege auch die Wurzel, die Möglichkeit menschlicher Freiheit. Heideggers These
lautet: »Da-Sein heißt: Hineingehaltenheit in das
Nichts.« Dieses Nichts enthüllt sich in der Angst.
Aber es ist noch nicht als Seiendes enthüllt. Erst

»in der hellen Nacht des Nichts der Angst entsteht die ursprüngliche Offenbarkeit des Seienden
als eines solchen: daß es Seiendes ist – und nicht
Nichts«. Daraus folgert Heidegger: »Ohne ursprüngliche Offenbarkeit des Nichts kein Selbst-
sein und keine Freiheit.« Wenn dieses Nichts ge-
nichtet wird, also selbst Seiendes wird, also zum
ursprünglichen Wesen des Seins gezählt wird, be-
währt sich der Mensch in der Angst, eben durch
das nichtende Verhalten. Dieses ist nicht gegeben
in dem Ja-Ja- und Nein-Nein-Sagen, in das die
alltägliche Situation den Menschen verstrickt und

Hinaustreten verfallen läßt, sondern nur im Hinaustreten aus
dem Alltag, das einem »verwegenen« Dasein
möglich ist. »Nur die Angst des Verwegenen steht
im geheimen Bunde mit der Heiterkeit und der
Milde der schaffenden Sehnsucht.« Hat sich der
Mensch dadurch »zum Platzhalter des Nichts«
gemacht, so hat er sich zur Freiheit durchge-
kämpft und das Seiende im Ganzen überstiegen.
Er hat die Eigentlichkeit seiner Existenz, den Sinn
des Seins erreicht.

    »Wir fragen, hier und jetzt, für uns« steht am
Anfang von »Was ist Metaphysik?« »Hier und
jetzt, für uns« hat die Philosophie Heideggers ge-
fragt und Antwort gefunden. Das notwendige
»Hier und jetzt, für uns«-Fragen weist aber auch
immer darauf hin, daß in jeder Zeit und jeder
Situation hier und jetzt gefragt werden muß, das
Fragen der Philosophie also kein Ende nimmt.

Im Scheitern das Sein erfahren –
Jaspers

Wesentlich konkreter als Heidegger faßt Karl Jaspers (1883–1969) die Bedingungen menschlicher
Existenz. »Was immer auch Philosophie sein mag,
sie ist in unserer Welt und muß sich darauf beziehen.« Das »weltorientierte Denken« ist die Vor-

Sammlung Göschen
Band 1000

Die geistige Situation der Zeit

Von
Dr. Karl Jaspers
o. ö. Professor der Philosophie
an der Universität Heidelberg

Berlin **19 31** Leipzig
Walter de Gruyter & Co.

Im Jahr 1931, also zwei Jahre vor Beginn der Herrschaft des Nationalsozialismus, erschien Karl Jaspers Buch »Die geistige Situation der Zeit«.

aussetzung seiner Philosophie, die »das Schicksal des Menschen in der Zeit erhellen« will. In seinem Buch »Die geistige Situation der Zeit« (1931) versucht Jaspers die Existenz des Menschen in einer Welt begreiflich zu machen, die sich so schnell wandelt, daß es so zu sein scheint, »als ob er das Sein nicht mehr halten könnte«. Dem Menschen ist die »fraglose Einheit« mit der Welt abhanden gekommen, und so lebt er entfremdet in einer

In der Frankfurter Paulskirche wurde Jaspers 1958 der »Friedenspreis des deutschen Buchhandels« verliehen. Zu dieser Zeit griff er mit seinen Schriften in die aktuelle politische Diskussion ein, indem er z. B. auf die Gefahren der Vernichtung durch die Atombombe hinwies.

»zerrissenen Welt«. – »Daher ist uns, als wenn uns der Boden unter den Füßen versinke: ... wir aber möchten auf den Grund der Wirklichkeit dringen, in der wir sind.« Die Technik habe als Resultat den Menschen von der unmittelbaren Gegenwart gelöst, so daß ein »Gefühl der Ohnmacht« entstanden sei. »Der Mensch aber als Möglichkeit seiner Spontaneität wendet sich gegen das bloße Resultatsein.« So verlangt er seine Situation zu wissen, seine Existenz durch Befragen zu erhellen. »Je klarer die Beantwortung gelingt, desto entschiedener wird man durch Wissen in ein Schweben des Nichtwissens kommen und die Grenzen berühren, an denen der Mensch als ein jeweils einzelner zu sich erweckt wird.«

In dem 1929 geschriebenen und zwei Jahre später erschienenen Buch zur Situation der Zeit findet sich kein Wort, das konkret auf die Gefahr des Nationalsozialismus hinweist.

1937 erhält Jaspers Lehrverbot als Professor an der Universität Heidelberg, wo er seit 1922, ohne die Philosophie studiert zu haben, Professor für Philosophie ist. Nach der Medizin hatte er sich erst der Psychiatrie zugewandt, um dann auf den Weg der Philosophie zu kommen.

Sofort nach dem Ende des Faschismus begibt er sich nunmehr konkreter in die Gegenwart. Er veröffentlicht die Schrift »Die Schuldfrage« (1946), die zwar viel gelesen wird, aber keine wirkliche Umkehr der Deutschen und Einsicht in die Schuld einleitet. Enttäuscht darüber emigriert Jaspers 1948 in die Schweiz, wo er in Basel eine Professur übernimmt. Mit den Schriften »Wohin treibt die Bundesrepublik?« (1966) und »Die Atombombe und die Zukunft der Menschheit« (1958) greift er in politische Diskussionen ein, indem er vor der Entwicklung zu einem autoritären Staat warnt, der Vorstufe zur Diktatur und zum Krieg sei, und indem er die Gefahr der Weltvernichtung durch die Atombombe herausstellt. Schon in »Die geistige Situation der Zeit« hatte Jaspers geschrieben: »Die trefflichsten Einrichtungen und die wirksamste Technik lassen sich im entgegengesetzten Sinne benutzen. Sie werden zu nichts, wenn Menschen sie nicht zur gehaltvollen Wirklichkeit erfüllen! Was wirklich geschieht, ist daher nur ... durch das Sein des Menschen« zu ändern. Dieser *Appell zu verantwortlichem Tun*, das immerwährende »appellierende Fragen« durchzieht seine Existenzphilosophie.

Verantwortung

»Existenzphilosophie ist das alle Sachkunde überschreitende Denken, durch das der Mensch er selbst werden möchte.« Nur derjenige, der das alltägliche Funktionieren überschreitend denkt, hat eine Chance. »In die Schwebe gebracht durch Überschreiten aller das Sein fixierenden Welterkenntnis (als philosophische Weltorientierung), appelliert es (das überschreitende Denken, der Verf.) an seine Freiheit (als Existenzerhellung) und schafft den Raum seines unbedingten Tuns im Beschwören der Transzendenz (als Metaphy-

sik).« Das heißt, daß Existieren ein Auf-dem-Weg-Sein ist und die »Wahrheit unser Weg«.

In den umfangreichen Schriften »Philosophie« (1932) und »Von der Wahrheit« (1947) hat Jaspers diesen Weg des Menschen beschrieben. Die »Philosophische Weltorientierung« führt dazu, daß der Mensch, hat er einmal alle möglichen philosophischen Systeme an sich vorüberziehen lassen, keine endgültige Wahrheit finden kann, sondern eine »Verlorenheit«. Das Denken in »gegenständlichen Kategorien, wie es philosophische Theorien tun«, trifft nicht das Sein. Ist so die Illusion einer endgültigen Erkenntnis von Welt und des eigenen Seins gebrochen, kommt der Mensch zu dem Ergebnis: »Der Mensch ist grundsätzlich mehr als er von sich wissen kann.« Da man nicht wissen kann, kann die Existenz allein »erhellt« werden. Diese »Erhellung« ist ein Appell an die Möglichkeiten der Existenz des Menschen. »Der Mensch findet in sich etwas, was er nirgends in der Welt findet, etwas Unerkennbares, Unbeweisbares, niemals Gegenständliches, etwas, das sich aller forschenden Wissenschaft entzieht: die Freiheit.« Diese Freiheit ist ein Zu-sich-selbst-verantwortlich-Sein, sich so oder so zu entscheiden. »Freiheit erweist sich nur in der Tat« und schließt dabei die Kommunikation mit dem anderen in der Form des »liebenden Kampfes . . . von Existenz zu Existenz« ein. In den »Taten von Menschen woran die Zukunft hängt«, erfährt der Mensch Freiheit, *Gewißheit seiner selbst*, das Selbstsein. »Was ich jetzt will und tue, das will ich eigentlich selbst.« Dieses Selbstsein ist die äußerste Möglichkeit des Menschen, die extremste Möglichkeit des Seins. Gleichzeitig kann der Mensch in ihr aber auch das *Scheitern* erfahren. Jeder Weg der Existenzerhellung ist der Weg an Grenzen, an *Grenzsituationen*. In ihnen erfährt der Mensch die eigentliche Unbegreiflichkeit von Welt und Mensch. Die Wissenschaft gehe davon aus, alles

Existenz-erhellung

Linke Seite: Mit seiner 1958 erschienenen Schrift:»Die Atombombe und die Zukunft des Menschen« nahm Jaspers eindeutig Stellung und verwies auf die Gefahren und Folgen der nuklearen Vernichtungswaffen.

Rechte Seite: Grenzsituationen zeigen dem Menschen das Dasein in einer »schwebenden Fraglichkeit«. Doch in ihnen wird sich der Mensch seines Wesens bewußt, denn »wie er sein Scheitern erfährt, das begründet, wozu der Mensch wird« (Jaspers).

wissen zu können, meint Jaspers, die Philosophie und die Existenzerhellung aber lehrten nur die Grenzen des Wissens, die Krise der Existenz, die sie in Chiffren lesen kann, die da sind »Tod, Zufall, Schuld und Unzuverlässigkeit der Welt«. Aus ihnen heraus kann der Mensch zum höchsten Selbst finden. »Wie er sein Scheitern erfährt, das begründet, wozu der Mensch wird.« So ist die rätselhafteste und zugleich wesentlichste Chiffre das Scheitern. »Nicht durch Schwelgen in der Vollendung, sondern auf dem Weg des Leidens im Blick auf das unerbittliche Antlitz des Weltdaseins ... kann mögliche Existenz erreichen, was nicht zu planen ist und als gewünscht sinnwidrig wird: im Scheitern das Sein zu erfahren.«

In dem Durchbruch der innerlichen Behauptung, im Geschick des Scheiterns, »wenn er unbeirrt standhält noch im Sterben«, erfährt der Mensch die »Transzendenz des Seins«. Die Erfahrung in ihr ist »der Sprung zu mir als Freiheit«.

> **!** Existenzphilosophie und Existentialismus beschäftigen sich mit dem Sein in der Zeit (lat. existere = vorhanden sein), mit dem Dasein, besonders dem des Menschen. Kierkegaard ist der Ausgangspunkt dieses Denkens, da er in der Existentia, daß überhaupt etwas ist, das einzig Wirkliche sieht.
>
> Die deutsche Existenzphilosophie will die Existentialien des Seins – in der Welt sein, Sorge, Angst – bestimmen, daraus das Sein des Menschen erhellen, das er in der Offenbarung des Nichts (Heidegger) erfährt und in den Grenzsituationen erlebt, die die Existenz als Scheitern (Jaspers) beschreiben.
>
> Der französische Existentialismus Sartres geht davon aus, daß die Existenz darin besteht, zur Freiheit verurteilt zu sein, woraus Sartre folgert, daß der Mensch nur das ist, was er aus sich selbst macht.

Die Existenzphilosophie Jaspers ist der fragende Appell an den Menschen, in einer »Welt, die in allem fragwürdig geworden ist«, verantwortlich zu handeln, selbst im Scheitern verantwortlich durchzuhalten, sich selbst zu überschreiten, um so zu existieren.

Der Mensch ist das, wozu er sich macht – Sartre und Camus

»Tu etwas! Handle! Was immer Du machst, die Verantwortung liegt bei Dir!« Erst das Engagement des Menschen schafft seine wahre Existenz. »Der Mensch ist nichts anderes als wozu er sich macht«, ist der erste Grundsatz des Existentialismus, den Jean-Paul Sartre (1905–1980) in »Ist der Existentialismus ein Humanismus?« (1946) festlegt.

Erfahrungen Es sind die Erfahrungen des Zweiten Weltkriegs, der Besetzung Frankreichs durch die Deutschen und das Engagement im Widerstand, der Résistance, die Sartre zu dieser Erkenntnis bringen. Und Sartres Leben ist eines der Stationen und Situationen des *Engagements*, und in diesem unterscheidet sich auch wesentlich der französische Existentialismus von der deutschen Existenzphilosophie.

Sartre ist in Paris geboren. Nach dem Studium in Frankreich und Deutschland, wo er die Schriften Heideggers und Husserls kennenlernt, wird Sartre Lehrer. Bald engagiert er sich in der Résistance. Im Krieg entdeckt er die Hölle im Menschen. Die Feststellung »die Hölle, das sind die anderen« ist zugleich die Bedingung der eigenen Existenz.

1938 schreibt er seinen Roman »Der Ekel«, dann sein erstes philosophisches Hauptwerk »Das Sein und das Nichts« (1943) und sein Drama »Die Fliegen« (1943). Nach dem Krieg

lebt er als freier Schriftsteller. Sein Engagement zeigt sich in der Gründung der Zeitschrift »Les Temps modernes«, seinen Stellungnahmen gegen den Indochinakrieg, für die Befreiung Algeriens von der französischen Kolonialherrschaft. Später drückt es sich aus in den Aktionen gegen den Vietnamkrieg, in der Herausgabe zeitweise verbotener Zeitungen und der Ablehnung des Nobelpreises. Als er 1980 stirbt, wird sein Begräbnis zu einer Demonstration Hunderttausender in den Straßen von Paris. Sartre ist wohl einer der populärsten Gegenwartsphilosophen, was nicht nur daran liegt, daß er Romane, Filme und Theaterstücke geschrieben hat, sondern auch daran, daß er sich unmittelbar in der politischen Praxis engagiert hat, was für unzählige Menschen ein Ausdruck ihrer Zeit und der eigenen Situation ist.

Albert Camus

1952 streitet sich Sartre mit dem Schriftsteller Albert Camus (1913–1960), dem zweiten wichtigen Vertreter des französischen Existentialismus, über die Frage des Engagements. Camus bezeichnet in »Der Mensch in der Revolte« (1951) diese als den einzig möglichen *persönlichen Akt* der Freiheit, während Sartre vor allem in seiner Wendung zum Marxismus die *Revolution* als den notwendigen Akt der Menschen zur Freiheit sieht. In »Der Mythos von Sisyphos« (1942) stellt Camus fest, daß die Welt in ihrer »trostlosen Nacktheit« eine absurde Welt sei, in der das »Unbehagen vor der Unmenschlichkeit des Menschen selbst« zum Ekel wird. »Mir selber fremd und dieser Welt« scheint es in der Absurdität nur die Freiheit des

Sisyphos, der im Hades ewig und sinnlos Steine wälzen muß, ist in Camus' Schrift »Der Mythos von Sisyphos« Symbol für den Menschen, der bewußt den Widersinn des Daseins auf sich nimmt, denn: »Die Welt an sich hat keinen Sinn, erst der handelnde Mensch verleiht ihn ihr.« (Tizian, Sisyphos)

Selbstmordes zu geben. Aber »ist die Absurdität erst einmal erkannt, dann wird sie zur . . . herzzerreißendesten aller Leidenschaften«, aus der die »absurde Freiheit« resultiert. Nur die individuelle Revolte gibt dem Leben noch einen Wert. »Erstreckt sie sich über die Dauer einer Existenz, so verleiht sie ihr die Größe.« Es gehe darum, »unversöhnt mit der Welt« zu sterben, nachdem die Revolte des Individuums, die seine Freiheit sei, die Herausforderung eines jeden Tages angenommen habe: »Die Welt an sich hat keinen Sinn, erst der handelnde Mensch verleiht ihn ihr.«

Revolte des Individuums

Von ähnlichen Gedanken geht Sartre aus, doch erst mit seiner Hinwendung zum Marxismus wird ihm völlig deutlich, daß die individuelle Revolte

Sartre versuchte in seinem Drama »Die Fliegen«, das während der deutschen Besetzung Frankreichs 1943 in Paris uraufgeführt wurde, den Menschen das Bewußtsein ihrer Freiheit näherzubringen: Die Menschen sind frei, aber sie wissen es nicht. (Szenenfoto)

ohne den anderen des Sinns entbehrt, denn »tätig sein, heißt das Antlitz der Erde verändern«, was nur durch den revolutionären Akt möglich sei.

Ausgangspunkt der Philosophie Sartres ist die Feststellung Dostojewskijs: »Wenn Gott nicht existierte, so wäre alles erlaubt.« Sartre schließt, da Gott tot sei, sei alles erlaubt, und so sei der Mensch verlassen in der Welt. Er ist vorerst nur Existenz, ohne Essenz (Wesen). »Der Mensch ist verurteilt frei zu sein« und »da er einmal in die Welt geworfen, für alles verantwortlich, was er tut«. Diese Freiheit verurteilt ihn dazu, ein »Entwurf« zu sein, »der sich subjektiv lebt anstatt nur ein Schaum zu sein ... oder ein Blumenkohl«. Also ist der Mensch das, wozu er sich in seinem Entwurf macht. Es gibt nur »Hoffnung im Handeln«, was Sartre in dem Essay »Ist der Existentialismus ein Humanismus?« zu der Folgerung und Antwort führt: »Der Mensch ist nichts anderes als sein Leben.« In der »Kritik der dialektischen Vernunft« (1960) sucht Sartre Existentialismus und Marxismus zu einer dialektischen Einheit zu bringen. Der historische Materialismus des Marxismus sei »die einzige gültige Interpretation der Geschichte«, während »andererseits der Existentialismus die einzig konkrete Zugangsmöglichkeit zur Realität bilde«, und zwar zu der Wirklichkeit des einzelnen, nachdem der Marxismus mit seinem »eigentlichen Frageversäumnis« die Dialektik vernachlässigt habe. Der Erkenntnis der Dialektik von Entfremdung und Freiheit des Menschen muß die Praxis des Entwurfs folgen. Es muß der permanente Bruch des Menschen zu seiner gegebenen Situation einsetzen, um »ein ganz anderer zu sein«. Ein ganz anderer ist Sartre gewesen. Seinen Entwurf »niemals sich dem System eingliedern« hat er in seiner Praxis bestätigt, auch wenn er im letzten Interview kurz vor seinem Tod feststellt: »Einerseits bleibe ich bei der Ansicht, daß das Leben eines Menschen sich schließlich

Gegen das Diktat

als Scheitern herausstellt ... Andererseits habe
ich seit 1945 mehr und mehr gedacht, ... daß eine
wesentliche Entscheidung jeder Handlung die
Hoffnung ist ... Ich sterbe in Hoffnung.«

Der Existentialismus Sartres ist vielleicht der
radikalste Versuch der Philosophie dieses Jahrhunderts, die Frage nach dem Sein zu stellen, die
Krise des der Welt entfremdeten Menschen zu
denken, andererseits ihn aber auch dieser entfremdeten Welt zu entreißen.

235

Das Prinzip Hoffnung – Bloch

»Wer sind wir? Wo kommen wir her? Wohin gehen wir? Was erwarten wir? Was erwartet uns?« Mit diesen Fragen beginnt Ernst Bloch (1885–1977) seine Philosophie des »Prinzip Hoffnung«. *Angst,* die, wenn sie bestimmt ist, zur Furcht wird, und *Hoffnung* drücken sich in diesen fünf Fragen aus. Und das Fragen ist die Grundlage jeglicher Philosophie Blochs, gezielt auf das »Dunkel«, in dem die Welt und der Mensch sich »noch« befinden. »Noch nicht« ist eine Grundkategorie des Denkens Blochs, das eine Ontologie des Noch-Nicht entwickelt. Dieses »Noch-Nicht« ist überhaupt nur zu erkennen, wenn der Mensch beginnt zu fragen. Im Zugang seiner »Tübinger Einleitung in die Philosophie« (1962) bezeichnet Bloch das »fragende Staunen«, das dem eines kleinen Kindes gleicht, als Grundvoraussetzung jedes Philosophierens. Und gleich sein erstes Werk »Geist der Utopie« (1918) beginnt mit der für Bloch bezeichnenden Frage »Wie nun?«. Dieses Buch hat Bloch während des Ersten Weltkrieges und gegen ihn geschrieben. Die Erfahrung dieser Grausamkeit wird für ihn wie für viele Literaten der Zeit zum einschneidenden Erlebnis.

Fragendes Staunen

In Ludwigshafen als Sohn eines jüdischen Beamten geboren, studiert Bloch Physik und Philosophie. In Berlin lernt er den Lebensphilosophen Georg Simmel und in Heidelberg den marxistischen Denker Georg Lukács kennen, die ihn beide beeinflussen. Nach dem Erscheinen des Buches »Geist der Utopie«, das aus dem Erleben des Kriegs die Utopie eines neuen Menschen in einer anderen Welt denkt, wird Bloch freier Schriftsteller in Berlin und München. 1930 erscheint »Spuren«, ein Buch der Geschichten über das Sein im Dunkeln und Hellen. Es kennzeichnet den poetischen Stil Blochs, in dem er seine Philosophie ver-

faßt. 1933 muß Bloch ins Exil gehen, erst nach Prag, dann 1938 in die USA. Dort entsteht sein Hauptwerk »Prinzip Hoffnung«, das aber erst 1956 erscheint, nachdem er 1948 in die DDR gegangen und Professor in Leipzig geworden ist. Nach Differenzen mit der SED siedelt Ernst Bloch 1961 in die Bundesrepublik über und wird zu einem Denker zwischen zwei Welten. In der DDR als marxistischer Philosoph in einer Gesellschaft, die sich auf Marx beruft, wird er nicht akzeptiert, ebensowenig in der Bundesrepublik, die im Marxismus eine feindliche Ideologie sieht. Bis zu seinem Tod hat er eine Professur in Tübingen. Auch sein Begräbnis wird zu einer öffentlichen Manifestation. Aber wo in Paris beim Begräbnis Sartres Hunderttausende zugegen sind und dazu Politiker aller Richtungen, fehlen deutsche öffentliche Vertreter, als sich etwa 2000 Menschen in Tübingen versammeln.

»Was erwarten wir? Was erwartet uns?« fragt die Philosophie Blochs. Die Erwartung des Noch-Nicht, eines anderen Lebens, bestimmt die Hoffnung des Menschen auf ein Land, in dem noch niemand war, in dem der Mensch aber Heimat vermutet. (Oelze: »Erwartung«)

237

Während Bloch 1961 Urlaub in der Bundesrepublik machte, wurde in Berlin am 13. August die Mauer errichtet. Verbittert über die »unwürdigen Verhältnisse« und die »Bedrohung« entschloß sich der 76jährige, nicht mehr nach Leipzig zurückzukehren.

»Wie nun? Ich bin. Aber ich habe mich nicht. Darum werden wir erst«, heißt es im Buch »Spuren«. Hier drückt sich eine zentrale Denkkategorie Blochs aus, die *Möglichkeit*. Sie ist als »Tendenz« in der Geschichte der Welt und als »Latenz« (Verborgenheit) im Menschen gegeben. Diese Möglichkeit nimmt der Mensch wahr in seinen Tagträumen, die sich von den Nachtträumen besonders dadurch unterscheiden, daß das Ich immer in ihnen präsent ist. »Solange der Mensch im Argen liegt, sind privates wie öffentliches Dasein von Tagträumen durchzogen; von Träumen eines besseren Lebens als des ihm bisher gewordenen.« In ihnen drückt sich aus »Erwartung, Hoffnung, Intention auf noch ungewordene Möglichkeit«.

Es sind die Stimmung und häufig dazu ein Objekt in einem gelebten Augenblick, die den Tagtraum hervorrufen. Eine in einem halbdunklen

238

Lesehinweis

Adorno, Theodor W.: *Wozu Philosophie?* – In: *Eingriffe*, Frankfurt 1963

Bergson, Henri: *Materie und Gedächtnis*, Berlin/Frankfurt 1982

Bloch, Ernst: *Das Prinzip Hoffnung*, 3 Bde., Frankfurt 1973

Bloch, Ernst: *Spuren*, Frankfurt 1978

Bloch, Ernst: *Tübinger Einleitung in die Philosophie*, Frankfurt 1977

Bolz, Norbert W. (Hrsg.): *Wer hat Angst vor der Philosophie?*, Paderborn 1982

Camus, Albert: *Der Mensch in der Revolte*, Hamburg 1969

Camus, Albert: *Der Mythos von Sisyphos*, Hamburg 1959

Carnap, Rudolf: *Der logische Aufbau der Welt*, Berlin/Frankfurt 1979

Heidegger, Martin: *Sein und Zeit*, Tübingen 1979

Heidegger, Martin: *Was ist Metaphysik?*, Frankfurt 1981

Husserl, Edmund: *Philosophie als strenge Wissenschaft*, Frankfurt 1976

Jaspers, Karl: *Die geistige Situation der Zeit*, Berlin 1979

Jaspers, Karl: *Philosophisches Denken*, München 1986

Sartre, Jean-Paul: *Der Ekel*, Hamburg 1981

Sartre, Jean-Paul: *Das Sein und das Nichts*, Hamburg 1962

Scheler, Max: *Liebe und Erkenntnis*, München 1970

Sloterdijk, Peter: *Kritik der zynischen Vernunft*, 2 Bde., Frankfurt 1983

Wittgenstein, Ludwig: *Philosophische Untersuchungen*, Frankfurt 1977

Das utopische Denken wird im 20. Jahrhundert von E. Bloch neu beschrieben. Er macht es zu einer Ontologie des Noch-Nicht. In diesem »Noch-Nicht« liegt die Hoffnung des Menschen, aus einer Welt, die ihm noch fremd ist, eine Heimat zu machen, die er bisher nur in seinen Tagträumen wahrnehmen kann.

Ernst Bloch – Philosoph des »Prinzip Hoffnung«.

Gang geöffnete Tür, ein erleuchtetes Fenster können so zum Auslöser eines Tagtraumes werden, der das »antizipierende Bewußtsein« ermöglicht, das nach Einlösung dieses im Tagtraum Erlebten strebt. Der Tagtraum ist das Feld des Noch-Nicht, es sind »Bilder eines Noch-Nicht in Leben und Welt«. Wesentlicher »Ort« des Tagtraums ist die Jugend. Sie ist voll von ihnen. Sie hat eine mindest halboffene Tür, die Hoffnung heißt. Diese führt in eine »Dämmerung nach vorwärts«, zu einer noch »unfertigen Welt«. In den Tagträumen, im Noch-nicht-voll-Bewußten wird dies klar: »Der Mensch ist dasjenige, was noch viel vor sich hat ... Er steht immer vorn an Grenzen, die keine mehr sind, indem er sie wahrnimmt, er überschreitet sie.« Er tritt ein in den Prozeß der Realisierung seiner Hoffnung. »Denken heißt Überschreiten.«

Dieses überschreitende Denken ist bisher nicht so sehr Sache der Philosophie gewesen, wie Bloch meint, weil sie, und da selbst die Hegels, in ihrem Denken immer irgendwo »Abgebrochenes« ist. »Das Grundthema der Philosophie, die bleibt und ist, indem sie wird, ist die noch ungewordene, noch ungelungene Heimat.« Deshalb muß die Philosophie eines Noch-Nicht eine der Utopie werden, und ihr Denken darf an keinem Punkt abbrechen, sondern sie muß dauernd »überschreiten«.

Rechte Seite: Im Tagtraum, hervorgerufen durch die Stimmung, drückt sich für Bloch die »Erwartung, Hoffnung, Intention auf noch ungewordene Möglichkeit« aus.

»Erst mit der Verabschiedung des geschlossenen-statischen Seinsbegriffs geht die wirkliche Dimension der Hoffnung auf.« Diese Verabschiedung habe, so Bloch, mit dem dialektischen Mate-

rialismus von Marx begonnen, was ihn zu dem Schluß kommen läßt: »Die wirklich offene Welt ist die des dialektischen Materialismus.« In ihm drückt sich die Tendenz der Welt aus, die von einem Noch-Nicht auf etwas hinzielt, auf »eine uns adäquatere Welt ohne unwürdige Schmerzen, Angst, Selbstentfremdung, Nichts«. Notwendig aber dazu ist, daß der Mensch in sich die »Latenz« erkennt, seine Hoffnung in einen Prozeß ihrer Realisierung einmünden zu lassen. »Hat er sich erfaßt und das Seine ohne Entäußerung und Entfremdung in realer Demokratie begründet, so entsteht in der Welt etwas, das allen in die Kindheit scheint und worin noch niemand war: Heimat.«

Bei der Trauerfeier zum Begräbnis Blochs hat Walter Jens ihm unter anderem dafür gedankt, daß dieses Wort »Heimat« wieder ausgesprochen werden kann, nachdem es so mißbraucht worden war, und daß er ihm eine neue utopische Bedeutung gegeben habe. Er fügte hinzu, die Philosophie Blochs sei »ein Segel in eine andere Welt«.

Ernst Blochs Grabstein in Tübingen: »Denken heißt überschreiten.«

In einer Zeit der Krise spürt der Mensch seine Entwurzelung. Soll er die Kraft für das Existieren aus der Umkehr nach innen schöpfen oder sein Schicksal selbst in die Hand nehmen? Wege, die die Philosophie dieses Jahrhunderts aufzeigt.

243

Das 20. Jahrhundert hat durch die technologisch fortgeschrittenen Leistungsgesellschaften einen neuen Typ des entfremdeten Menschen hervorgebracht, den »eindimensionalen Menschen« (Marcuse), der nur noch »Echo seiner Umgebung« (Horkheimer) ist.

Dabei bestimmen Angst und Hoffnung den Menschen. Um seinen Platz in der Welt, im Dasein zu finden, muß er ständig Abgründe und Klippen überwinden; so kann er sich selbst erfahren »im unbegreiflichen Aufgefangenwerden« (Jaspers).

Die Suche des Menschen

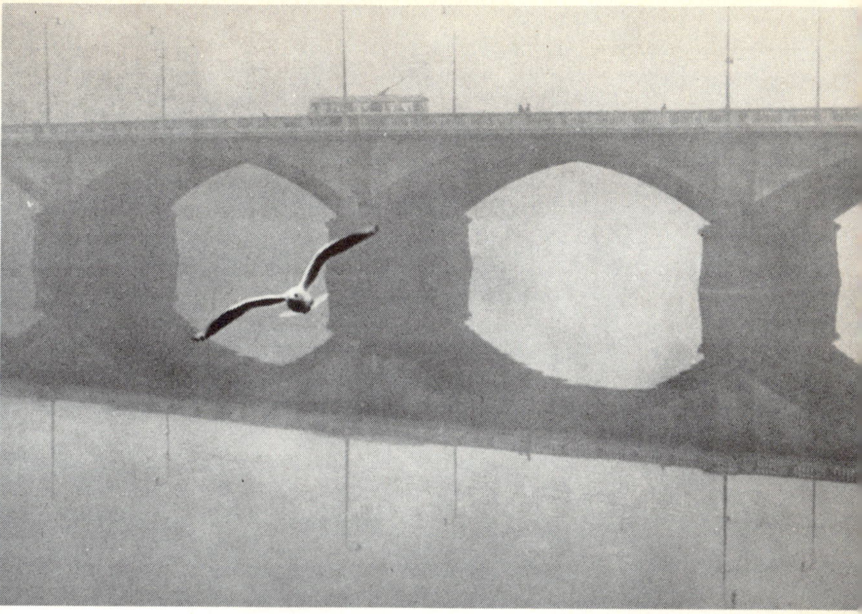

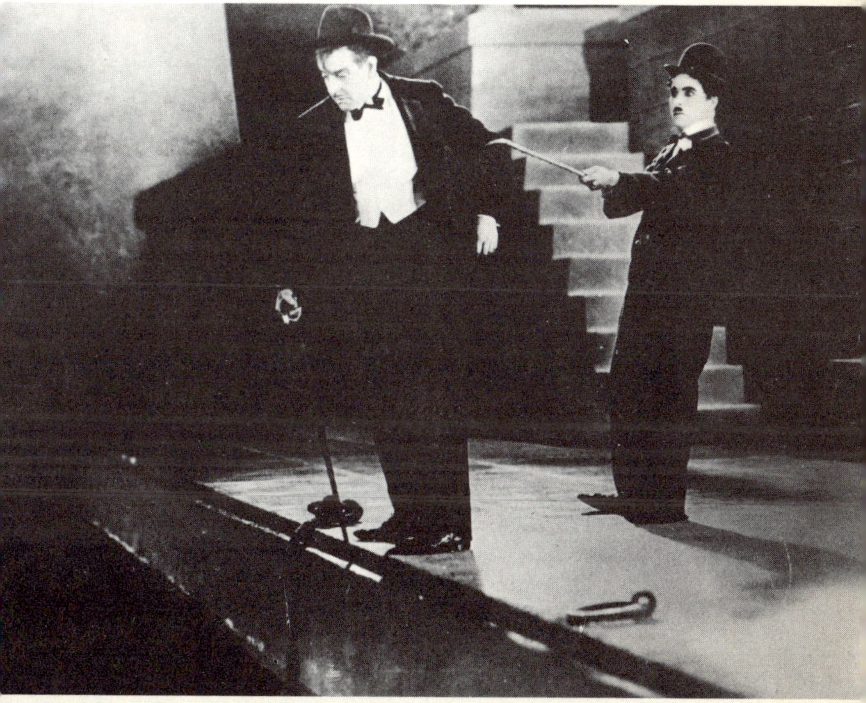

Die Suche nach einem Platz in der Welt

Angst und Hoffnung sind die zwei Haltungen, die den Menschen, der seine Entwurzelung spürt, bestimmen. Die Angst läßt ihn fragen: »Wo habe ich noch einen Platz in der Welt?« Hoffnung läßt ihm noch die Aussicht auf eine Antwort, die ihm Heimat versprechen soll. Die Gefährdung des Individuums ist ein Resultat der Krisen einer Gesellschaft, die immer wieder eine Folge von Rezessionen und Wirtschaftskrisen hervorbringt. Die Lösung der Krise aus wirtschaftlicher Sicht hat zur Folge, daß auf Grund von Rationalisierungen und Automatisierungen der Lebensraum und eine für den Menschen sinnvolle Tätigkeit weiter eingeschränkt werden.

Die Philosophie dieses Jahrhunderts sucht Antwort auf die Fragen und Probleme der Zeit, denen sich der Mensch gegenübergestellt sieht. Heidegger und Jaspers haben letztlich den Ausweg allein in einer Umkehr nach innen, aus der die Kraft des Existierens gewonnen wird, gefunden, Sartre und Bloch meinen ihn nur dort zu finden, wo der Mensch sein Schicksal selbst in die Hand nimmt. Beide kommen dabei auf Karl Marx und seine Theorie der Entfremdung und der der Bewegung in der Geschichte der Menschheit zurück. Diese

Rückkehr zu Marx

Rückkehr zu Marx ist für die 60er Jahre in Europa ein auffallender Schritt. Dabei unterscheidet sich dieser bewußt von der Anwendung der Marxschen Theorie in den real existierenden sozialistischen Ländern, indem er das Augenmerk auf das Individuum als Subjekt der Geschichte legt, was sich besonders in den frühen Schriften von Marx ausdrückt. Neben Sartre ist es in Frankreich besonders Henri Lefèbvre (geb. 1905), der versucht, in seiner »Kritik des täglichen Lebens« Formen der Entfremdung und ihrer Verfestigung durch die Macht der herrschenden Ideologien aufzuspüren. »Das tägliche Leben« ist der Ort, wo die Entfremdung für den Menschen in jeder Minute erfahren werden kann.

In Italien ist vor allem Rosanna Rossanda auf der Suche nach Ideen und Modellen des Bruchs der Menschen mit der verwalteten Welt. Dabei findet sie »Einmischung« besonders bei Frauen, weil sie am ehesten außerhalb der geltenden Spielregeln handeln könnten.

Aber nicht nur in den westlichen Ländern entsteht eine Neuorientierung der marxistischen Philosophie. In Ungarn ist es die »Budapester Schule« und da vor allem Agnes Heller, die das Verhältnis der philosophischen Theorie von Marx zu den Bedürfnissen des einzelnen Menschen untersucht.

In den 60er Jahren griff die Philosophie auf die Lehren von Karl Marx zurück. – Karikatur von 1962 zum Streit um die Marx-Auslegung in Ost und West.

247

Philosophie als Kritik des Bestehenden – Marcuse, Horkheimer, Adorno

Herbert Marcuse gab in den 60er Jahren den studentischen Linken die theoretische Basis.

Dieses Aufgreifen des Kerns der marxistischen Philosophie, der die Situation des Individuums beschreibt und ihn der Entfremdung entreißen will, läuft parallel zu der Bewegung, die Mitte der 60er Jahre die USA und die Länder Europas ergreift und gemeinhin als Studentenrevolte bezeichnet wird. In einem gegenseitigen Prozeß greift sie diese neuen Theorien auf und wirkt ihrerseits durch ihre Praxis wieder auf sie ein. Ein deutscher Philosoph, der dieser Bewegung deutliche Impulse gegeben hat, ist Herbert Marcuse (1898–1979). Er entstammt wie Max Horkheimer

(1895–1973) und Theodor W. Adorno (1903–1969), dem Frankfurter Institut für Sozialforschung, das nach 1933 in New York seine Arbeit weiterführt und die »Kritische Theorie« entwickelt, die im Deutschland der 60er Jahre als »Frankfurter Schule« Zentrum für eine neue Sicht der Philosophie Marx' wird und daraus eine eigenständige Theorie und Kritik entwickelt.

Marcuse versucht, Erkenntnisse der Psychoanalyse Sigmund Freuds mit den Ideen von Marx zu verbinden und stellt dann fest, daß es die »technologisch fortgeschrittenen Leistungsgesellschaften« seien, die in Ost oder West einen neuen Typ des entfremdeten Menschen hervorgebracht haben, den »eindimensionalen Menschen«, der seine Entfremdung so sehr akzeptiert, daß er »euphorisch ist im Unglück«. Er ist in seine Entfremdung derart eingebunden, daß er kaum noch in der Lage ist, seine Umgebung in Frage zu stellen, vielmehr ist er bereit, seine eigene »Repression« (Unterdrückung) noch selbst zu leiten. Das Ich ist unter dem Druck, den die ganze Industrie der Ideologie einschließlich der Kultur als »ideelle Reproduktion« der materiellen Gesellschaft, die

Die Studentenrevolte in den 60er Jahren praktizierte Philosophie als Kritik an autoritären Herrschaftsstrukturen, aber auch als radikale politische Praxis.

249

Horkheimer (oben) und Adorno (unten) machten es sich zur Hauptaufgabe, »die Rolle des Individuums in der verwalteten Welt« und »die Pervertierung der Gedanken der Aufklärung« zu untersuchen.

insofern affirmativ (bestätigend) ist, auf ihn ausübt, nicht mehr imstande, »sich als ein Selbst zu erhalten«. Die Lage des Menschen ist die, daß er sich in einer »eindimensionalen statischen Identifikation mit dem verwalteten Realitätsprinzip« befindet. Marcuse will damit sagen, daß der Mensch aus der Identifizierung mit der Fremdbestimmung nicht mehr ausbrechen könne. Die Toleranz, die einmal Errungenschaft der Aufklärung gewesen ist, gestatte dem Menschen nur noch eine Spielwiese »gleichgeschalteter« Freizeitbetätigungen. »Die erwiesene Toleranz ist trügerisch . . . ist pervertiert worden.« Sie ist eine »repressive Toleranz« geworden, wie Marcuse in seiner »Kritik der reinen Toleranz« (1966) schreibt. Nur der junge Mensch, der noch nicht gänzlich integriert ist, der das Spiel noch nicht mitspielt, hat die Chance zu einem »autonomen Denken«, aus dem er Versuche der Befreiung starten kann.

Die Begründer der »Kritischen Theorie«, Horkheimer und Adorno, haben diese beiden bei Marcuse angesprochenen Themen »die Rolle des Individuums in der verwalteten Welt« und »die Pervertierung der Gedanken der Aufklärung« in das Zentrum ihrer Philosophie gestellt.

Die »Kritische Theorie« ist im »Frankfurter Institut für Sozialforschung« entstanden aus einem Verfahren, das sozialwissenschaftliche Untersuchungen von Gesellschaft und Individuum verbunden hat mit den philosophischen Überlegungen dazu, wie das Individuum aus seiner Eingebundenheit in einer nicht von ihm geprägten Ordnung herauskommen kann. Dabei hat Horkheimer den »Aufstieg und Niedergang des Individuums« untersucht und ist dabei zu dem Ergebnis gekommen: »Die Krise der Vernunft manifestiert sich in der Krise des Individuums, als dessen Agens (Handlung, der Verf.) Vernunft sich entwickelt hat. Die Illusion, die die traditionelle Philosophie über das Individuum und die Vernunft ge-

hegt hat – die Illusion ihrer Ewigkeit – ist im Begriff zu zergehen. Das Individuum faßte einmal die Vernunft ausschließlich als ein Instrument des Selbst. Jetzt erfährt es die Kehrseite seiner Selbstvergottung. Die Maschine hat den Piloten abgeworfen; sie rast blind in den Raum. Im Augenblick ihrer Vollendung ist die Vernunft irrational und dumm geworden.«

Karikatur aus einer Studentenzeitschrift zum Thema: »individuelle Krise«.

Die Kritische Theorie versteht sich als Philosophie, die durch ihre Kritik verhindern will, daß der Mensch sich an seine Entfremdung gewöhnt. Sie greift auf den Begriff der Entfremdung zurück, wie ihn Marx als Entzweiung zwischen Welt und Mensch beschreibt. Adorno und Horkheimer zeigen auf, wie die moderne Industriegesellschaft als ursprünglich nicht gewolltes Kind der Aufklärung diese Entfremdung nicht nur vergrößert, sondern auch in den Köpfen der entfremdeten Menschen die Entfremdung als Scheinfreiheit verankert.

Instrumentelle Vernunft

Die Vernunft ist instrumentell geworden, sagt Horkheimer weiter in der »Kritik der instrumentellen Vernunft« (1946, dtsch. 1967), sie ist von einer Möglichkeit, Wahrheit zu finden und die Natur zum Nutzen der Menschen zu gestalten zu einem Instrument der Machtausübung über Natur und die Natur des Menschen geworden. Ergebnis ist, daß das »individuelle Subjekt« dazu tendiert, zu »einem eingeschrumpften Ich zu werden ... das den Gebrauch der intellektuellen Fähigkeiten vergißt, durch die es einst imstande war, seine Stellung in der Wirklichkeit zu überschreiten«. So entsteht ein neuer Menschentyp, der nicht mehr selbst ist, sondern nur noch »Echo seiner Umgebung«, der »wiederholt, nachahmt, indem er sich ... anpaßt ... Es ist ein Überleben ... durch Mimikry«.

Das Resultat einer Gesellschaft, in der die »Vergottung der industriellen Tätigkeit keine Grenzen kennt«, ist so ein Individuum, das keine »persönliche Geschichte« mehr hat, sich selbst abgegeben hat an die Gesellschaft.

Die »instrumentelle Vernunft« und die »technische Rationalität« prägen so nicht nur die Gesellschaft, sondern werden auch zur herrschenden Denkweise selbst derer, die unter ihnen leiden müssen. Im Hauptwerk der »Kritischen Theorie«,

252

in der »Dialektik der Aufklärung« (1947), gehen Adorno und Horkheimer unter dem Eindruck des Faschismus als Barbarei in der Wirklichkeit noch einmal auf den Grund zurück, aus dem die Vernunft der Aufklärung umgeschlagen ist von einer Kraft, die den Menschen befreien sollte, zu einer, die ihn unterdrückt. *Unterdrückung*

»Das Programm der Aufklärung war die Entzauberung der Welt. Sie wollte die Mythen auflösen und Einbildung durch Wissen stürzen.« Bacon hatte die Parole »Wissen ist Macht« ausgegeben. »Macht und Erkenntnis sind synonym« (gleichbedeutend) geworden zur Zeit der Aufklärung. Aus dieser Gleichung von Macht und Erkenntnis als dialektische Beziehung ist im Zeitalter der Industrie und der modernen Warenwirtschaft, in der noch »der Gedanke zur Ware und die Sprache zu deren Anpreisung wird«, aus der Erkenntnis ein Mittel der Machtausübung derer geworden, die die Warenwirtschaft in der Hand haben. Die Erkenntnis ist zur »technologischen Rationalität« geworden. Und der Mensch, der in ihr befangen ist, verleugnet sich selbst, er kennt *Selbst-* die Gesetzmäßigkeiten nicht mehr als eigene *verleugnung* Denkformen, nur noch als unabänderliche Sachzwänge. Er hat auch gar nicht mehr die Chance, in Folge der enormen Arbeitsteilung seine Welt als eine Totalität zu erfassen. Hieraus entsteht in ihm eine resignative, gar häufig einsichtige Haltung gegenüber allem, was ihn entfremdet, so daß es möglich ist, im Sinne der technologischen Warengesellschaft und mit Hilfe der Kulturindustrie, in der die »Aufklärung als Massenbetrug« fungiert, *Manipulation* seine Bedürfnisse zu manipulieren.

Aus dieser Analyse der Situation heraus hat nach Adorno die Philosophie die Aufgabe der »Kritik, als Widerstand gegen die sich ausbreitende Heteronomie« (Fremdgesetzlichkeit), und Horkheimer sieht »die wahre gesellschaftliche Funktion der Philosophie ... in der Kritik des Be-

253

stehenden ... Das Hauptziel einer derartigen Kritik ist zu verhindern, daß die Menschen sich an jene Ideen und Verhaltensweisen verlieren, welche die Gesellschaft in ihrer jetzigen Organisation ihnen eingibt«.

Diese kritische Funktion der Philosophie hat die Studentenbewegung Ende der 60er Jahre begierig aufgenommen und verlängert in konkrete Praxis, in Aktion. Dieser Auswirkung auf die Praxis hat Adorno immer fremd gegenübergestanden.

Wirklichkeit als Feld von Strukturen – Strukturalismus

Zu Beginn der 60er Jahre entsteht im Gefüge des philosophischen Denkens in Frankreich eine neue Philosophie, die das *Subjekt* als Träger der Geschichte auszuschalten scheint und an seine Stelle die *Struktur* setzt. Sie nennt sich *Strukturalismus* und hat ihre Quelle an unterschiedlichen Orten. So beziehen sich einige Strukturalisten auf die Psychoanalyse Freuds, einige auch auf Marx, alle aber auf Forschungen der Sprachwissenschaften, die in den 20er Jahren in der Sowjetunion vorgenommen worden sind und die Struktur des Symbols in der Sprache untersucht haben.

Grundthese

Als Grundthese des Strukturalismus könnte man davon ausgehen, daß der Mensch den Sinn seines Seins und der Welt nicht mehr schaffe, sondern daß der Sinn sich ereigne, ohne daß der Mensch als Subjekt eingreifen könne.

Dabei ist es aber in der Kürze kaum möglich, einen umfassenden Überblick über den Strukturalismus zu geben, zumal er sich sowohl auf die Literatur (Roland Barthes, Philipp Sollers), die Psychoanalyse (Jacques Lacan, Luce Irigaray), die Ethnologie (Claude Lévi-Strauss), die Sprachwissenschaft (Julia Kristeva) und die Philosophie (Jacques Derrida, Gilles Deleuze, Michel Fou-

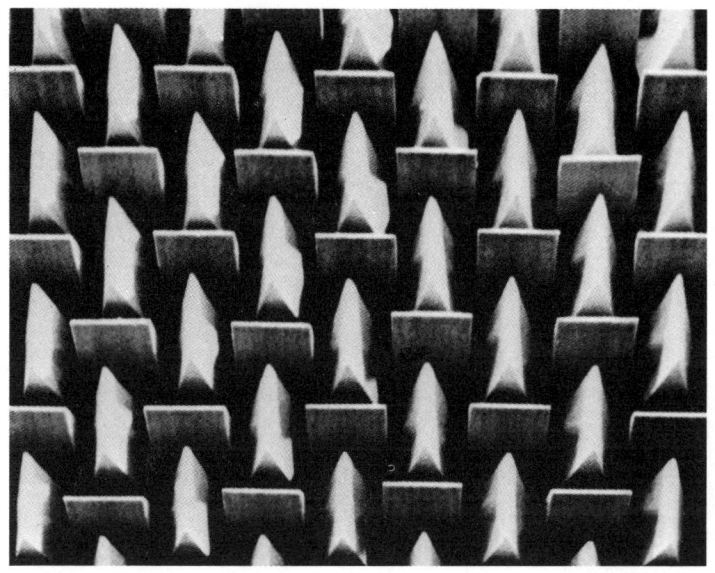

cault) bezieht, zum anderen aber auch sich wider-
sprechende Formen, z. B. im »Post-Strukturalis-
mus«, gefunden hat.

In dem Wort Strukturalismus ist das Entscheidende das Wort Struktur. Alles was ist, was sich
ereignet, habe eine Struktur; und diese äußere
sich in Zeichen, die sich in Sprache, aber auch in
Gesten des Körpers oder in anderen Signalen aus-
drücken können, so daß der Strukturalismus auch
von einem »schweigenden« Diskurs spricht. Das
Ziel der strukturalen Tätigkeit besteht darin, das
Bild dieser Struktur freizulegen, um zu erfahren,
wie etwas funktioniert.

Ein wichtiges Kennzeichen der Struktur ist das
Symbolische. Hinter dem Realen und hinter dem
Imaginären, dem Vorgestellten, gebe es ein Drittes. Das erste, das Reale, wird durch die Imagina-
tion wie in einem Spiegel gedoppelt. Was aber

*Der
Strukturalismus
ersetzt die Stelle
des Subjekts als
Träger der
Geschichte
durch die
Struktur. Es
gilt, das Bild
dieser Struktur
freizulegen,
um zu erfahren,
wie etwas
funktioniert.*

255

noch dahinter liegt, tiefer reicht, ist das Symbolische. Es ist tief unterirdisch in jeder Struktur angelegt, und es kann durch eine Archäologie, eine »Archäologie des Wissens«, wie Foucault sagt, wahrgenommen werden. Es ist ein unbewußter Teil in der Struktur. Die Struktur ist eine Kombination von Orten, in einem unendlichen Raum, in dem sich Elemente wie auf einem Spielbrett bewe-

Die französische Philosophie des Strukturalismus besagt, daß jedes Objekt und alles, was sich ereignet, eine aus Zeichen bestehende Struktur hat, die die Funktion des Objekts bestimmt. Das Ziel der strukturalen Tätigkeit besteht darin, das Bild dieser Struktur freizulegen, um zu erfahren, wie etwas funktioniert, und um den Blick freizugeben auf das andere oder den anderen. Diese Methode des Strukturalismus wendet nicht nur die Philosophie, sondern auch die Ethnologie, die Literatur, die Sprachwissenschaft, die Psychoanalyse an.

gen, was Deleuze zu der Folgerung führt: »Denken heißt Würfel ausspielen.«

Diese Ordnung ist eine der Kommunikation der Objekte in der Dimension des Raums. Die Orte des Raums sind also besetzt durch die symbolischen Elemente der Struktur. Aber da das Symbolische nur ein Drittes hinter dem Realen und dem Imaginären ist, muß, wenn die Orte von einem realen Wesen als einem Subjekt besetzt werden sollen, die Struktur von diesem »aktualisiert« werden. »Der Strukturalismus ist keineswegs ein Denken, welches das Subjekt beseitigt, sondern ein Denken, welches es zerbröckelt und es systematisch verteilt, welches die Identität des Subjekts bestreitet, es auflöst und von Platz zu Platz gehen läßt, das immer Nomade bleibt, aus Individuationen besteht, aber aus unpersönlichen, oder aus Besonderheiten, aber aus vorindividuellen«, so beschreibt Gilles Deleuze das Verhältnis des Subjekts zur Struktur.

Ausgehend von einer solchen Untersuchung der Wirklichkeit, die sich als ein Feld von Strukturen darstellt, wird die strukturalistische Methode als eine Art Grundwissenschaft auf die Philosophie, die Literatur, die Kunst, die Psychoanalyse angewendet. »Ein Maulwurf ist am Werk und untergräbt jede These«, schreibt Julia Kristeva (geb. 1941) zu dieser Methode, weil sie nach Ansicht der Strukturalisten selbst zu einer völlig neuen Art, die Wirklichkeit zu erfassen, führt.

Claude Lévi-Strauss (geb. 1908), der als Ethnologe mit Hilfe der strukturalen Methode eine »Strukturale Anthropologie« entwickelt, die eine Strukturanalogie zwischen den sozialen Tatsachen und der Sprache gebietet, fordert in seinem gleichnamigen Buch ein »wildes Denken«, das »es gestatten würde, unter dem geringsten möglichen Verlust das andere in das unsere und umgekehrt zu übersetzen, also die Gesamtheit der Bedingungen, unter denen wir einander am besten

*Claude
Lévi-Strauss*

257

verstehen können. Das wilde Denken ist eigentlich nur ein Ort der Begegnung«.

In der Entwicklung des Strukturalismus ist möglicherweise eine neue Art von Erfahrung und ihrer Beschreibung geboren, die das Unbewußte, den Wunsch und den Blick auf den anderen mit einbezieht.

Die verwertbare Erkenntnis – Wissenschaftsphilosophie

Ist sie nun tot oder lebt sie, die Philosophie unserer Tage? Seit dem Kriegsende ist immer wieder gefragt worden: »Wozu noch Philosophie?« Hat endlich die Philosophie durch diese dauernden Fragen und die unzähligen Rechtfertigungsversuche sich selbst den Garaus gemacht? Vielleicht nach dem Motto: »Wer sich verteidigt, der klagt sich an?« Haben Carnap und andere recht, wenn sie lieber von Erkenntnis- oder Wissenschaftstheorie sprechen und sich den Begriff Philosophie vom Leibe halten?

K.o. für die Philosophie?

Welchen Platz könnte die Philosophie denn überhaupt noch einnehmen in einer Welt der Macher?, hat sich Hans Richtscheid gefragt. Ist die Philosophie nur noch ein Mythos, der zwanghaft aufrechterhalten wird? Willy Hochkeppel hat vor einigen Jahren diese von ihm gestellte Frage mit einem eindeutigen Ja beantwortet.

Ist die Philosophie nun tot oder nicht? Oder ist es nur eine bestimmte Weise des Philosophierens, die tot ist? Gibt es vielleicht eine neue, ganz andere Art zu philosophieren?

Haben am Ende diejenigen, die den Tod der Philosophie beklagen oder beschwören, nur Angst vor der Philosophie und erklären sie deshalb für tot? Auch so kann und muß gefragt werden.

Viele Fragen stellen sich, will man die Situation der Philosophie zu Beginn der 90er Jahre beschreiben. Philosophie und Wissenschaften zeitigen eine Unzahl von Richtungen und Meinungen, stützen sich auch kaum noch auf gemeinsame Voraussetzungen. »Neue Unübersichtlichkeit« hat Jürgen Habermas die Lage benannt. Die Zeit der großen Philosophen und der großen Denksysteme, die eine Epoche prägen, scheint endgültig vorbei zu sein.

Schematisierend könnte man die Philosophie der unmittelbaren Gegenwart in zwei Lager einteilen, wobei es aber auch Grenzgänger zwischen den beiden gibt. Das eine Lager wäre das der *Wissenschaftsphilosophie,* das aus dem Neo-Positivismus hervorgegangen ist, der sich im Laufe der Zeit selbst geöffnet hat, und das Zulauf auch von anderen Philosophen gefunden hat. Diese Wissenschaftsphilosophie organisiert sich in einer Anzahl von »Schulen«.

Situation

Dagegen steht eine Philosophie, die von verschiedenen Seiten her in den letzten Jahren *aktiv* geworden ist, *autonom* denkt und sich nicht selbst einsperrt in das Ghetto von Forschungsinstituten und Universitäten.

Der Neo-Positivismus war davon ausgegangen, daß sich die Philosophie bis dahin nur mit Scheinproblemen beschäftigt habe. Erkenntnis könne es aber nur dann geben, wenn sie prinzipiell überprüfbar, verifizierbar sei. Diesem Verifikationsprinzip hatte dann Karl R. Popper (geb. 1902) das Falsifikationsprinzip gegenübergestellt. Dieses fordert, jeder Erkenntnis, jeder Theorie nachzuweisen, daß sie falsch sei. Gelingt das nicht, so bestehe die Wahrscheinlichkeit, daß sie zutreffend sei, der Wirklichkeit entspreche. Der »kritische Rationalismus«, der von Popper entwickelt und von Hans Albert weitergeführt worden ist, macht sich zur Aufgabe, kritisch nachzuprüfen, was uns an Wissen und Wahrheit bleibt, wenn es durch das Falsifikationsprinzip gegangen ist. Dieses Prinzip, angewendet auf die gesellschaftliche

Karl R. Popper

Der Wirklichkeit entsprechend? Dem Verifikations- prinzip des Neo-Positivis- mus (ein Satz muß prinzipiell überprüfbar, »verifizierbar« = als wahr erwiesen sein) stellte Popper das Falsifikations- prinzip (Widerlegung einer wissenschaftli- chen Aussage durch ein Gegenbeispiel) entgegen. (Escher: »Luft und Wasser«)

Wirklichkeit, muß, so die Theorie, auch auf eine offene Gesellschaft hinauslaufen.

Wahrheit finden durch die Rekonstruktion eines Dialogs zwischen Menschen will die Erlanger Schule von Paul Lorenzen. Ihr Prinzip besagt, daß Wahrheit dann gegeben sei, wenn in einem Gespräch mehrere kompetente Sprecher zu einem gemeinsamen Ergebnis, zu einem Konsens (Übereinstimmung) gekommen sind. Diese »Konsensustheorie« wird von ihr auch auf die Ethik übertragen und besagt da, ethische Normen seien diejenigen Grundsätze, die das höchstmögliche Maß an Übereinstimmung zeigten.

Konsensus

Der Wissenschaftsphilosophie genähert hat sich Jürgen Habermas (geb. 1929), der aus der Frankfurter Schule der »Kritischen Theorie« stammt. In ihrem theoretischen Feld bewegt er sich mit seinem Buch »Erkenntnis und Interesse« (1968). Hier geht er davon aus, daß jedes Erken-

260

nen durch ein bestimmtes Interesse geprägt ist, ja konstitutiv (bildend) geleitet ist.

»Erkennen ist Instrument der Selbsterhaltung« ist die Ausgangsthese. So analysiert Habermas als Interesse der analytischen Wissenschaften, wie Mathematik und Naturwissenschaft, ein technisches Verfügungs- und Verwertungsinteresse. Das Interesse der hermeneutischen (interpretierenden) Philosophie ist die Praxis. Nur in den kriti-

Jürgen Habermas forderte den »herrschaftsfreien Diskurs«, in dem erst eine Identität von Mensch und moderner Gesellschaft zustande kommen kann.

261

schen Wissenschaften, wie Soziologie, Politik,
Philosophie und Psychologie, können Erkenntnis
und Interesse zusammenfallen und zu einer Praxis
der Befreiung werden. In der Weiterführung der
Theorie eines erkenntnisleitenden Interesses entdeckt Habermas einen strukturellen Zusammenhang von Erfahrung, Handeln und Sprache. Hieraus entwickelt er seine Theorie der »kommunika-
tiven Kompetenz«. Sie soll die Möglichkeit eröffnen herauszufinden, ob ein Konsens, eine Übereinstimmung zwanglos oder unter Druck zustande
gekommen ist. Eine Identität zwischen dem Menschen und der modernen Gesellschaft könne nur
zustande kommen, wenn dieser Konsens sich in
einem »herrschaftsfreien Diskurs« (Erörterung)
ergeben habe. Dieser sei aber nur möglich in einer
idealen Sprechsituation, in der jeder sich »kontra-
faktisch« (im Gegensatz zu den Tatsachen) äu-
ßern könne. Habermas sieht es als Aufgabe seiner
Pragmatik Wissenschaft an, die Pragmatik (Handlungsorien-
tiertheit) solcher Diskurse zu analysieren und fordert eine Gesellschaft, in der Entscheidungen in
solchen herrschaftsfreien Diskursen, die zum
Konsens führen, getroffen werden.

262

Das Beispiel Habermas, das auch für andere steht, zeigt, in welche Detailfragen sich die Wissenschaftsphilosophie inzwischen begeben hat. Detaillierte Sprach- und Kommunikationsanalysen, Konsensuntersuchungen sind wesentliche Gesichtspunkte einer Philosophie geworden, die sich unter dem Anspruch, praktisch zu werden, von der Wirklichkeit des Menschen weit entfernt hat, ihn hauptsächlich als Experimentierfeld benutzt und eine Theorie nach der anderen formuliert, dabei aber das Ganze zu leicht aus dem Auge verliert. Es ist eine Philosophie der wissenschaftlichen Institute, der Universitäten fernab der Wirklichkeit in den Städten, die in ihrer Abgeschlossenheit in Experiment und Sprache ein Abbild der Lebensferne der Universitäten ist. Sie ist eine Philosophie der beamteten Philosophen, die in ihrer Forschungstätigkeit ihrer Pensionierung näherrücken. *Detailfragen*

Neues Denken –
Freie Erkenntnis für freie Menschen

Die autonome Philosophie stellt jede Frage und verwirft jede Antwort. Sie will eine »Erkenntnis für freie Menschen« (Feyerabend), eine Philosophie der Dissidenz, nicht des Konsensus sein. Sie will ein »Bewußtsein der Minorität« (Deleuze) prägen. *Für die Minderheit*

Dabei ist ihr Ursprung teilweise die verkrustete und nahezu tote Universitäts- und Wissenschaftsphilosophie selbst.

Sie ist eine neue Philosophie, sie ist ein neues Denken, das zu Recht fragt: »Wer hat Angst vor der Philosophie?«

»Die tote Philosophie – die der Doktrinen – weiß, was sie will. Sie verfügt durch ihre Stellung in der Institution über Kräfte, die ihre Verbreitung und ihren gesellschaftlichen Erfolg sichern;

263

Zahme Vögel singen von Freiheit
wilde fliegen

Guten Morgen
liebe L

*Das neue
Denken fordert
freie Menschen,
die zu freier
Erkenntnis
kommen. Dabei
bedeutet
Erkenntnis »eine
persönliche
Errungenschaft,
eine Schöpfung,
und nicht ein
Nachahmen
›objektiver
Sachverhalte‹«
(P. Feyerabend).*

sie spielt die Modernität, doch indem sie dieser
eine administrative Bedeutung gibt.« Diese Beschreibung der Situation durch den französischen
Philosophen François Châtelet ist nunmehr 15
Jahre alt, aber sie trifft auf die Situation heute,
besonders die in Deutschland, noch genauso zu.

Aus Frankreich kommt auch ein wesentlicher
Impuls für die neue Philosophie, und zwar aus
dem System des Strukturalismus, das sich in seiner formalistischen Ausprägung selbst wie eine
exakte Wissenschaft gibt, aber auch eine Philosophie hervorgebracht hat, die bisweilen als »philosophie du désir« (Philosophie des Begehrens) bezeichnet wird.

Ein anderer Impuls kommt aus der Wissenschaftsphilosophie selbst, und zwar von einem ihrer Abtrünnigen, von Paul Feyerabend (geb.
1924).

Feyerabend versuchte viel, bevor er sich der
Philosophie verschreibt, um sie dann wieder abzu-

schreiben. Er ist Offizier der deutschen Wehrmacht gewesen, hat dann Gesang und Theater studiert, aber auch Mathematik und trifft in der Folge Karl Popper, dessen Assistent er wird. In dieser Tätigkeit hat er dann die Methodenfrage der rationalistischen Wissenschaft praktiziert und analysiert, um zu dem Schluß zu kommen: »Anything goes« (Mach was du willst), was sagen will, daß keine Methode allein die Wahrheit zutage bringe.

Antidoktrinär

In »Wider den Methodenzwang – Entwurf einer anarchistischen Erkenntnistheorie« (1976), stellt Feyerabend zwei Fragen: »Was ist die Wissenschaft – wie geht sie vor, was sind ihre Ergebnisse?« und »Was ist die Wissenschaft wert – ist sie ein Mythos unter vielen?« Die Wissenschaft legitimiere sich hauptsächlich durch die Methode als »eine Reihe von Regeln. Eine Prozedur, die den Regeln folgt, ist wissenschaftlich, eine Prozedur, die sie verletzt, unwissenschaftlich«. Die Wissenschaftler selbst sehen in der Wissenschaft nicht ein »zufälliges Gebilde«, sondern ein Produkt der Rationalität. Vernunft und Wissenschaft – das ist für sie ein und dasselbe. Auf die zweite Frage reagiere, sagt Feyerabend, die Wissenschaft wie früher die Kirche nach dem Motto: »Die Lehre der Kirche ist wahr, alles andere ist heidnischer Unsinn.« Diese Argumentation wird vom Staat noch abgesegnet, denn schließlich braucht er die Wissenschaft, und die Wissenschaft braucht ihn, denn wie sollte sie sonst existieren. Ihr Verhältnis ist ein Fall gegenseitiger Legitimationshilfe. Der Dank ist die Subvention beziehungsweise das Angebot der Verwertbarkeit.

Dogmatisch

Aber warum sollen Mystik, Astrologie, der Indianertanz nicht auch zum Erfolg, zur Wahrheit führen, fragt Feyerabend und stellt fest: »Stillschweigend wird vorausgesetzt, daß Regentänze keinen Erfolg haben, aber wer hat die Sache je untersucht?« Der Rationalismus der Wissenschaft

Rechte Seite:
Die
»Funktionäre
des Denkens«
verteidigen den
Rationalismus
der
Wissenschaften.
Warum aber –
so fragt Paul
Feyerabend –
sollen nicht
auch Mystik,
Astrologie und
Indianertanz
zur Wahrheit
führen?

schiebe solche Fragen beiseite, verteidige so seine Dominanz, wird so zum »Ratiofaschismus ... der Funktionäre des Denkens«.

Dagegen setzt Feyerabend seine »Erkenntnis für freie Menschen« (1980). Er geht davon aus, daß »die existentiellen Fragen die sind, die mich im Leben am meisten berühren, und diese werden von den Wissenschaften so gut wie nie aufgeworfen«. In seiner »Erkenntnis für freie Menschen« schreibt er: »Nicht intellektuelle Pläne zählen, sondern die Wünsche, die Klagen, die Mittel, das Temperament jener Menschen, die eine Veränderung anstreben. Oder um ein Schlagwort anzuwenden: ›Bürgerinitiativen statt Philosophie‹.« Eine freie Erkenntnis führt für Feyerabend auch zu einer freien Gesellschaft. In ihr ist Erkenntnis »eine persönliche Errungenschaft, eine Schöpfung, und nicht ein Nachahmen ›objektiver‹ Sachverhalte. Es ist die Tätigkeit von Menschengruppen und nicht eine bestimmte Theorie ... die entscheidet, ob man ein Fernziel annimmt, und wie man es verwirklicht. Und es ist die Gesamtheit der so gestalteten Bürgerinitiativen und nicht das Denken von Besserwissern, die das Fernziel verwirklichen wird«. Es wird eine scherzende, eine fröhliche Wissenschaft sein, diese Philosophie der »Erkenntnis für freie Menschen«. – »Das Scherzen, die Unterhaltung, die Illusion, nicht die Wahrheit macht uns frei« ist das Resümee Feyerabends und gleichzeitig seine Praxis, die oft als die eines philosophierenden Clowns beschrieben wird.

Scherzende
Wissenschaft

Als Abschied von jeder Methode und als »Abschied vom Prinzipiellen« könnte man die Situation bezeichnen, welche heute die Philosophie prägt, die nicht der Wissenschaftstheorie zugehört. Odo Marquard (geb. 1928) hat 1981 ein kleines Buch mit dem Titel »Abschied vom Prinzipiellen« veröffentlicht, in dem er der Suche nach einer absoluten Wahrheit und den absoluten Prinzi-

Klaus Heinrich greift in seiner Suche nach einer neuen Erfahrung auf die Mythologie zurück, die »realistischer als die Philosophie« sei.

pien absagt. »Das Prinzipielle ist lang, das Leben ist kurz: wir können mit dem Leben nicht warten auf die prinzipielle Erlaubnis, es nunmehr anfangen und leben zu dürfen; denn unser Tod ist schneller als das Prinzipielle: das eben erzwingt den Abschied vom Prinzipiellen.« Diese Erkenntnis führt zu einer lebensbejahenden Skepsis, die sagt: »In diesem Sinn ist selbst der Einfall suspekt: es lebe die Vielfalt.«

In der Abkehr vom »Entweder-Oder«, von »Wahr oder nicht Wahr« liegt auch die Suche nach einer neuen Erfahrung, einem Dritten. Diesem Dritten ist Klaus Heinrich (geb. 1927) auf der Spur. In »Dahlemer Vorlesungen – Tertium datur« (1981) stellt er fest, daß die Logik bisher immer nur das »Entweder-Oder« akzeptiert hat, das »Dritte« jedoch ausgeschlossen hat. Die formale Vernunft habe »die Welt der Mischungen« nicht berücksichtigt, die zwischen Leben und Tod,

Weiblichem und Männlichem, verschiedenen Traditionen und Zeiten bestehe. Sie sei das »Verdrängte der Philosophie«, und die Philosophie habe diese Welt verdrängen können, weil sie die Vernunft formalisiere und nicht die »Formen als Inhalte« gelesen habe. So hat sie immer das Dritte ausgeschlossen. »Was wird da ausgeschlossen?« fragt Heinrich und antwortet: »Die Vermittlung, die aus Sein und Nichtsein gebildet ist – und das ist das aus Tod und Leben gebildete Leben.« Dieses Dritte sagen und als Erfahrung benennen will Heinrich und greift da sowohl auf die Psychoanalyse, die Religion als auch auf den Mythos überhaupt zurück. »Die Mythologie ist realistischer als die Philosophie. Sie benennt Erfahrungen als unausweichlich; ihre Figur dafür ist, daß sie begründende Erfahrungen sind, daß sie die eigentlichen Gründungserfahrungen sind für alles das, was sich später in dieser Form, nach ihrem Modell begreift.«

Auch für Hans Blumenberg (geb. 1920) liegt im Mythos eine neue Möglichkeit des Erkennens, der Erfahrung, des Lesens der Welt. Die »Arbeit am Mythos« (1979) zeigt, daß der Mensch in Geschichten existiert, aus denen sich *Metaphern* (bildlicher Vergleich) des Daseins ergeben, so die des Schiffbruchs, die er in seinem Buch »Schiffbruch mit Zuschauer. Paradigma einer Daseinsmetapher« (1979) darstellt. Die Renaissance der Mythologie ist in den letzten Jahren eine augenfällige Erscheinung in der Philosophie. Manfred Frank begründet in seinem Buch »Der kommende Gott – Vorlesungen über die neue Mythologie« (1982) diese damit, daß seit der Erklärung Nietzsches »Gott ist tot« das Nichts als der »unheimlichste aller Gäste« (Heidegger) vor der Tür stehe und daher im Mythos eine Möglichkeit gesehen werde, »den Bestand und die Verfassung der Gesellschaft aus einem obersten Wert zu beglaubigen. Man könnte das die kommunikative Funk-

Linke Seite: Die gegenwärtige Philosophie entdeckt wieder die Mythologie. So erklärt Hans Blumenberg, daß der Mensch in Geschichten existiere, aus denen sich Daseinsmetaphern ergeben: C. D. Friedrichs Bild »Das Eismeer« verdeutlicht die Daseinsmetapher vom Schiffbruch.

269

tion des Mythos nennen, weil sie auf das Verständigtsein der Gesellschaftsteilnehmer untereinander und auf die Einträchtigkeit ihrer Wertüberzeugungen abzielt«. Der kommende Gott, der aus der Sehnsucht nach dem Mythos hervorsteigen würde, könnte der Dionysos Nietzsches sein, so mutmaßt Frank.

Der Abschied von der absoluten Wahrheit scheint eine ausgemachte Sache der Philosophie heute zu sein. Auf die Frage Kants: »Was können wir wissen?« antwortet Blumenberg mit der Gegenfrage: »Was es denn gewesen war, was wir wissen wollen?« und kommt zu dem Ergebnis: »Daß wir in mehr als einer Welt leben, ist die Formel für Entdeckungen, die die philosophische Erregung dieses Jahrhunderts ausmachen.«

Michel
Foucault

Noch radikaler formuliert es Michel Foucault (1926–1984), wenn er eine Fabel über den Faden der Ariadne erzählt. »Ariadne war es müde, auf Theseus' Wiederkehr aus dem Labyrinth zu warten, auf seinen monotonen Schritt zu lauern und sein Gesicht unter all den flüchtigen Schatten wiederzuerkennen. Ariadne hat sich erhängt. An der aus Identität, Erinnerung und Wiedererkennung verliebt geflochtenen Schnur dreht sich ihr Körper nachdenklich um sich selbst. Der Faden ist gerissen und Theseus kommt nicht wieder. Er rennt und rast, taumelt und tanzt durch Gänge, Tunnels, Keller, Höhlen, Kreuzwege, Abgründe, Blitze und Donner.« Endgültig gerissen sei der Faden, der uns aus dem Dunkel befreien könne, besagt diese Fabel. So muß die Philosophie ins Dunkle herabsteigen, zur Archäologie werden, die das Dunkle, das Unbewußte im Menschen und der Welt ausgräbt. Und »hier liegt vielleicht der bacchische Gott auf der Lauer: Dionysos, der Maskierte, der Verkleidete, der endlos Wiederholte«, der die Philosophie zur Bühne macht, auf der Zarathustra tanzt. Diese neue Philosophie bezieht sich immer wieder auf Nietzsche, so daß sich dessen Prophetie, seine Philosophie werde erst um das Jahr 2000 zu lesen sein, zu bewahrheiten scheint. Schon Nietzsche sagte, daß, wenn eines Tages die Wissenschaften den Platz Gottes einnähmen, diese wiederum eines Tages zusammenbrächen. Erst dann könne man die wahren Fragen stellen. Sicher sind die Wissenschaften und die Technik nicht zusammengebrochen. Die Welt wird von ihnen mehr denn je beherrscht, und das im genauen Sinn dieses letzten Wortes. Aber die Fragwürdigkeit dieses Herrschens ist immer deutlicher geworden. Und die Philosophie scheint an einem Punkt angelangt zu sein, wo sie die Zeit der Ablösung der Wissenschaften gekommen sieht und nun beginnt, die wahren Fragen zu stellen, die immer noch oder erneut den Menschen in seiner Existenz, seinen Wünschen, seinem Begehren betreffen.

Fragwürdigkeit

Man hat diese neue Art zu philosophieren in Frankreich auch »Philosophie des Begehrens« (Philosophie du désir) genannt, weil sie auf der Suche ist nach den elementaren geistigen und kör-

Die heutige Philosophie ist gekennzeichnet durch eine Aufteilung in zwei Lager. Zum einen ist es die Wissenschaftsphilosophie, die gesellschaftlich verwertbare Erkenntnisse zusammenstellt, um das Zusammenleben der Menschen und die Beziehungen zwischen ihnen und der gesellschaftlichen Ordnung durchschaubar und veränderbar zu machen.

Zum anderen ist es eine aktive Philosophie, die Abschied nimmt vom Prinzipiellen, das Begehren des Menschen als Individuum wahrnimmt und aus ihm heraus eine neue Bestimmung des Seins des einzelnen Menschen sucht. Dabei geht sie zurück auf das Dunkle im Menschen, auf die Mythen, das Unbewußte und bedient sich dabei der Ethnologie (Völkerkunde) und der Psychoanalyse (Methode zur Seelenerkundung).

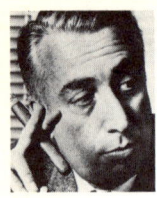

perlichen Bedürfnissen des Menschen in einer verwalteten ihm entfremdeten Welt, die keinen Platz mehr läßt für das Wünschen.

Hervorgegangen ist diese Philosophie aus dem Strukturalismus, der sich im Laufe der Zeit zu einem reinen Formalismus und einer sich exakt gebenden Wissenschaft gewandelt und von einer Philosophie der neuen Erfahrung entfernt hat. Auf ihn trifft die Kennzeichnung Nietzsches zu: »Die Welt erscheint uns logisch, weil wir sie erst logisiert haben.« Oder wie Roland Barthes (1915–1980) seinen Abschied vom Strukturalismus begründet: »Das System hat den Vorrang vor dem Sein der Gegenstände« errungen. Der Blick jedoch auf fremde Kulturen, den die Ethnologie eröffnet hat und den Claude Lévi-Strauss nochmals in »Le Regard éloigné« (1983) beschreibt, führt dazu, den Menschen, eben durch diesen in die Ferne gerichteten Blick, und auch seine Mythen besser zu verstehen. »Die Mythen bilden einen Bereich neben anderen, in dem der von äußeren Zwängen relativ abgeschirmte Geist noch eine relativ abgeschirmte Aktivität entfaltet, die man in ihrer ganzen Frische und Spontaneität beobach-

ten kann«, schreibt der Ethnologe und Begründer der »Strukturalen Anthropologie« Claude Lévi-Strauss in einem Aufsatz in der Zeitschrift »Le Débat«. Auch der von Roland Barthes auf die Mythen unseres Alltags gerichtete Blick führt zu einem neuen Verständnis des Seins des Menschen, das ihn auch gerade in seiner Marginalität, also seiner Minderheiten- und Außenseiterposition, in einer Welt des funktionalisierten Daseins schützt. »Jener, der seinen Individualismus radikal leben würde«, sagt Barthes in der Zeitschrift »Masques«, »hätte eine schwierige Existenz. Dennoch, es gibt Möglichkeiten der Renaissance für einen Individualismus, der nicht kleinbürgerlich wäre, sondern radikaler und rätselhafter – wäre es nur, meinen Körper zu denken bis zur Einsicht, daß sich mein Körper nur denken läßt als Haltung, die anstößt an der Wissenschaft, der Mode, der Moral – an allen Kollektivismen.«

Gilles Deleuze formuliert als Aufgabe einer Philosophie, die sich auf das menschliche Begehren

Eine Möglichkeit für Minderheiten oder Außenseiter, ihren Individualismus zu leben, ist nach Barthes die »Einsicht, daß sich mein Körper nur denken läßt als Haltung, die anstößt an der Wissenschaft, der Mode, der Moral – an allen Kollektivismen«.

273

stützt, den »Entwurf eines minoritären Bewußtseins«. Die Mehrheit, so sagt er, sei ein »Standard-
maß« des Menschen. Dieses ist »Mensch - weiß -
westlich - männlich - erwachsen - vernünftig -
heterosexuell - Stadtbewohner - Sprecher einer
Standardsprache«. Diese Mehrheit setze immer
ein Herrschaftsverhältnis voraus. Dieses schließe
das Wünschen, das Begehren, die Erfüllung des
Unbewußten aus. Das Begehren ist immer die
Vom Modell   Differenz, die bleibt zwischen dem was »Mensch«
abweichen   sich wünscht, und dem, was als Konstante der
Mehrheit ist. Minderheit stellt so das Werden eines Jeden, das Begehren dar, »sein potentielles
Werden, insofern er vom Modell abweicht«. Da
Werden als Variables gegenüber dem Konstanten
immer minderheitlich ist, gilt es, »die Figur eines
universellen minoritären Bewußtseins zu entwerfen«, schreibt Deleuze in »Philosophie und Minderheit« (1978, dtsch. 1980). Dieses Bewußtsein
erst, Minderheit zu sein, die Außenseiterposition
zu leben, ist imstande, das Begehren im Menschen
und des Menschen zu befreien. Erfüllte Sehnsucht?
Angekommen am Ziel? Oder ein gänzlich neuer
Anfang? Alles beginnt wieder von vorn? »Und die
ganze Geschichte des abendländischen Denkens
ist neu zu schreiben«, vermutet Michel Foucault.

Der Vorhang zu und alle Fragen offen?

Der Vorhang zu und alle Fragen offen? Die Philosophie hat in ihrer zweieinhalbtausendjährigen
Geschichte eine Reihe von Fragen aufgeworfen
und eine Vielzahl von Antworten gegeben. Und
doch soll der Mensch wieder von vorn anfangen?
Bleibt keine der Antworten gültig? Ist die Geschichte der Philosophie nur eine Summe von
Antworten, die den Menschen aber nicht befähi-
gen, alle Fragen endgültig zu klären? Kann es
überhaupt Antworten geben, die bleibend gültig

sind? Oder ist jede Antwort auf eine Frage der Zeit, in der sie gestellt wird, der Situation des Menschen, der sie stellt, seiner besonderen Natur, seiner Lebenserfahrung unterworfen?

Philosophie ist die Liebe zur Weisheit. Und welches ist der Weisheit letzter Schluß?

»Habe nun, ach! Philosophie, / Juristerei und Medizin / Und leider auch Theologie / Durchaus studiert, mit heißem Bemühn. / Da steh ich nun, ich armer Tor! Und bin so klug als wie zuvor . . . / Und sehe, daß wir nichts wissen können. / Das will mir schier das Herz verbrennen.« Drückt sich in dieser Klage des Faust das Sein des Menschen aus, das nicht zur endgültigen Wahrheit kommen kann? Ist nur das Nichtwissen das eigentliche Wissen? Oder will die Philosophie gar keine gültigen Antworten geben, weil jede abgeschlossene Antwort ihr Prinzip des Selbstdenkens abschaffen würde und auch das daraus mögliche Selbstsein ausschließen würde? So wäre die gültige Antwort der Tod der Philosophie?

Die Fragen nach der Weisheit letzter Schluß: muß die Philosophie mit Faust erkennen, daß endgültige Wahrheiten nicht möglich sind, daß das Nichtwissen das eigentliche Wissen ist?

Drei Fragen hat Kant in der »Kritik der reinen Vernunft« der Philosophie zur Beantwortung gegeben: Was kann ich wissen? Was soll ich tun? Was darf ich hoffen? Und in seinem »Logik-Handbuch zu Vorlesungen« eine vierte hinzugefügt: Was ist der Mensch? Auf die erste Frage, die eng mit der nach der Wahrheit zusammenhängt, antwortet der Rationalismus Descartes' mit der Behauptung, der Mensch könne im Prinzip alles wissen, während schon Sokrates festgestellt hatte, daß er im Prinzip nichts wissen könne, daß im Grunde das wissende Nichtwissen das einzige Wissen sei, was dann Cusanus das »gelehrte Nichtwissen« nennt. Kant beantwortet seine ei-

gene Frage, indem er dem, was der Mensch wissen kann, eine genaue Grenze absteckt. Alles, was über die Grenze hinausgeht, besteht nur in der Idee, was Hegel zu der Kritik führt, Kant habe die Frage nach der absoluten Wahrheit aufgegeben. Die ewige Sehnsucht im Menschen nach dem Absoluten meint Hegel zu erfüllen, indem er im Geist selbst die Wahrheit des Absoluten setzt. Wenn es das Absolute gebe, so ist es der Mensch, antworten ihm Feuerbach und Marx, und Nietzsche setzt den neuen, den anderen Menschen, der sich selbst überschreitet, als Absolutes. Wahrheit an sich aber gibt es nicht, ist sein Fazit. Ja für ihn beginnt erst das ganze Unglück des Menschen mit der Frage nach der Wahrheit, weil sie den Menschen aus der Identität mit der Welt als Voraussetzung für sein Selbstsein reißt. Gibt es aber keine Wahrheit, so bleibt für den Menschen nur die Verlorenheit, denn auch er selbst ist »mehr als er von sich wissen kann«. Dieser Position in der neueren Philosophie, wie sie sich bei Jaspers ausdrückt, steht die der Wissenschaftsphilosophie genau gegenüber, die behauptet, über alles, was erfahrbar ist, auch absolute Aussagen machen zu können. Den Faden des Menschen zur Wahrheit sieht dagegen eine heutige Philosophie endgültig gerissen.

Wenn überhaupt etwas gewußt werden könne, dann liege die Wahrheit tief im Menschen vergraben, so vermutet sie. In dieses Dunkle könne erst eine ganz neue Philosophie hinabsteigen, die sich selbst als eine Archäologie des Unbewußten versteht.

Auf die Frage: Was soll ich tun? schwanken die Antworten der Philosophie zwischen den Positionen, die verbindliche Normen setzen wollen, wie Kant mit seinem kategorischen Imperativ, und der, die alles erlaubt, die die Unterscheidung zwischen Böse und Gut aufhebt, alle Werte entwertet und nur »Jenseits von Gut und Böse« (Nietzsche) sinnvolle Handlung sieht. Zwischen diesen extremen Antworten liegen andere, die die Ethik als Teil der Philosophie gibt, die die innere Selbsterkenntnis (Sokrates), die Weisheit als Tugend (Platon), den praktischen Weg zur Glückseligkeit (Aristoteles), die von leiblichen Begierden gereinigte Lust (Epikur), die Gerechtigkeit eines naturgemäßen Lebens (Zenon) als Werte des Handelns setzen, bevor das ethische Ideal in der Unterordnung des Menschen unter Gott aufgeht und auf ein Leben im Jenseits zielt. Erst mit der Renaissance beginnen die moralischen Dogmen, die die Ethik bestimmen, zu zerfallen. An ihre Stelle tritt die Selbsterkenntnis des Menschen und der gesunde Menschenverstand als Richtschnur sinnvollen Handelns. Spinozas Ethik führt das Handeln des Menschen auf einen Weg, der ihn von der Befreiung der Affekte, die ihn in Ohnmacht halten, zur Erkenntnis der Natur als höchste Form individueller Freiheit führt. Für Rousseau befreit sich der Mensch, der von Natur aus gut ist, dann zu sinnvollem Handeln, wenn er die Fesseln, die ihm das Eigentumsdenken angelegt hat, abstreift und zu sich selbst als unentstelltem Menschen zurückkehrt. Freiheit und Gleichheit sind die Schlüssel einer Ethik, die auch die Französische Revolution leiten. Nach Kants Pflichtethik und Hegels Ethik

Rechte Seite:
Kants vierte
Frage: » Was ist
der Mensch?«
provozierte neue
Fragen, die die
Philosophie bis
heute nicht
endgültig
beantwortet hat
und wohl auch
nicht kann. Was
sie will, hat Karl
Jaspers so
ausgedrückt:
»Philosophie
lehrt
wenigstens, sich
nicht täuschen
zu lassen.«
(Magritte:
»Reproduktion
verboten«)

der »objektiven Sittlichkeit«, die sich in Familie und Staat verkörpert, setzt Feuerbach wieder den Menschen als Selbst ein, der sein Handeln bestimmt und »keine eigene ohne fremde Glückseligkeit kennt«. Erst Nietzsche verwirft das bestehende Wertdenken überhaupt, das als Richtschnur menschlichen Handelns gilt.

Was soll ich tun? Wie soll ich leben? sind also Fragen, die auch keine gültigen Antworten gefunden haben und nur immer wieder neu gestellt werden können, von jedem Selbst, das fragend existiert. Was darf ich hoffen? fragt der Mensch und die Philosophie antwortet, daß, wer von der Hoffnung lebe, betrogen und verloren sei, weil sie ein letztes Bollwerk ist, das den Blick auf die Sinnlosigkeit von Sein und Welt verstellt. Aber die Philosophie antwortet auch mit dem »Prinzip Hoffnung«, einer Welt des »Noch-Nicht«, und entwickelt eine Utopie einer unentfremdeten Welt, die zur endlichen Heimat wird. Kann der Mensch also hoffen oder ist jede Hoffnung von vornherein ein Selbstbetrug?

So endet jede Frage mit einer neuen Frage, und auch die vierte Frage Kants: Was ist der Mensch?, die eng verbunden ist mit der nach dem Sinn seiner Existenz, endet in der Unwegsamkeit, die nur noch weitere Fragen provoziert. »Der Mensch ist das Maß aller Dinge« hat Protagoras vor über 2000 Jahren gesagt. Aber jeder Mensch, der seine Individualität radikal leben will, hat eine so schwierige Existenz, sagt Roland Barthes heute, daß er nur noch in einer anstößigen Haltung mit einem minoritären Bewußtsein leben kann, will er wirklich leben und nicht nur überleben im Mehrheits-Standardmaß, wie Deleuze es formuliert.

Was ist der Mensch? Wie kann er leben? Wie kann er den Sinn seines Seins bestimmen? Wie kann er Freiheit gewinnen und sie leben? So bleiben nichts als Fragen und die Chance, daß der Mensch, indem er Antworten sucht, selbst sein

Lesehinweis

Adorno, Theodor W. / Horkheimer, Max: *Die Dialektik der Aufklärung,* Frankfurt 1971

Barthes, Roland: *Was singt mir, der ich höre in meinem Körper das Lied,* Berlin 1979

Blumenberg, Hans: *Arbeit am Mythos,* Frankfurt 1979

Blumenberg, Hans: *Die Sorge geht über den Fluß,* Frankfurt 1987

Blumenberg, Hans: *Schiffbruch mit Zuschauer – Paradigma einer Daseinsmetapher,* Frankfurt 1979

Deleuze, Gilles/Foucault, Michel: *Der Faden ist gerissen,* Berlin 1979

Deridda, Jacques: *Randgänge der Philosophie,* Frankfurt/Berlin 1976

Feyerabend, Paul: *Erkenntnis für freie Menschen,* Frankfurt 1980

Habermas, Jürgen: *Der philosophische Diskurs der Moderne,* Frankfurt 1985

wird und in ihnen Freiheit findet. Bleiben die Fragen und kommen immer neue hinzu, so kann ein »Basiswissen Philosophie« auch nicht als ein abgeschlossenes Besitztum betrachtet werden, das man sich als einen Überblick über wichtige Philosophien und Philosophen erworben hat, sondern es muß wirklich als Basis verstanden werden, die Mut macht weiterzufragen, weiterzudenken, also selbst zu philosophieren.

Selbst philosophieren!

»Denken heißt Überschreiten« ist eine wichtige Erkenntnis der Philosophie. Das heißt, man muß den Bruch denken, indem man das vermeintlich sicher Gewußte in Frage stellt, indem man jeden Gedanken und jede Frage zuläßt und es keiner inneren Polizei erlaubt, Schranken aufzubauen, die

Habermas, Jürgen: *Erkenntnis und Interesse,* Frankfurt 1973

Heinrich, Klaus: *Dahlemer Vorlesungen, Bd. 1 – Tertium datur,* Basel/Frankfurt 1981

Heller, Agnes: *Theorie der Bedürfnisse bei Marx,* Hamburg 1976

Horkheimer, Max: *Die gesellschaftliche Funktion der Philosophie,* Frankfurt 1974

Lévi-Strauss, Claude: *Das wilde Denken,* Frankfurt 1968

Marcuse, Herbert: *Der eindimensionale Mensch,* Neuwied 1980

Marcuse, Herbert: *Kultur und Gesellschaft,* 2 Bde., Frankfurt 1965

Marquard, Odo: *Abschied vom Prinzipiellen,* Stuttgart 1981

Richtscheid, Hans: *Die Philosophie in der Welt der Macher,* München 1977

den Gedanken – und erscheint er zuerst als noch so absurd und nutzlos – zurückstoßen.

»Philosophie lehrt wenigstens, sich nicht täuschen zu lassen. Keine Tatsache und keine Möglichkeit läßt sie beiseiteschieben. Sie stört die Ruhe in der Welt. Denn noch liegt es an uns, was wird« (Karl Jaspers).

Register

285

Abbildungsnachweis